国家出版基金项目
NATIONAL PUBLICATION FOUNDATION
"十三五"国家重点出版物出版规划项目
新汉译世界高等教育名著丛书（第一辑）
丛书总主编　李子江　张斌贤

教育的力量：

通过影响实现治理

【美】埃尔默·埃尔斯沃斯·布朗（Elmer Ellsworth Brown）著
屈书杰　译　陈璞　校

浙江教育出版社·杭州

总序

20世纪90年代，浙江教育出版社出版了由王承绪先生主编的“汉译世界高等教育名著丛书”，在学术界产生了重要影响，丛书所收录的著作至今依然是高等教育学等相关学科学习和研究必备的学术文献。本世纪以来，多家出版社相继推出了多种高等教育著作译丛，例如“京师高等教育译丛”（北京师范大学出版社）、“国际高等教育译丛”（中国海洋大学出版社）、“世界高等教育研究名著译丛”（教育科学出版社）、“美国研究型大学探索译丛”（河北大学出版社）、“高等教育与全球化丛书”和“北大高等教育文库·大学之道丛书”（北京大学出版社）等。一些教育著作译丛虽然并非以高等教育为主要内容，但也包含了部分高等教育的译著，例如“影响力教育理论译丛”（华东师范大学出版社）、“非洲教育译丛”（浙江大学出版社）等。

国外高等教育著作的译介不仅满足了我国高等教育决策者、管理者以及公众了解其他国家和地区高等教育发展历史与现状的需要，而且有力促进了我国学者对高等教育的研究。只要将20世纪90年代高等教育研究状况与当下进行粗略对照，就可以清楚地看到我国20多年来高等教育研究的长足发展。这其中固然有诸多原因，但不可否认的是，广泛和充分吸收其他国家高等教育研究成果是一个非常关键的因素。同样不可否认的是，大量高等教育译著在其中发挥了不可替代的重要作用。

众所周知，中国现代高等教育机构和高等教育制度的建立是西学东渐的产物，迄今已逾百年。但是，由于种种原因，我国高等教育真正稳定发展的时间不过数十年。对于高等教育这样复杂的事业而言，几十年的经历实在是过于短暂了，而基于这些有限经验形成的认识则更具局限性。在当代社会急速变革的条件下，高等教育发展及其与社会的关系日趋复杂，如何合理认识高等教育的内在本质与职能，如何科学把握高等教育发展的方向，如何妥善处理高等教育内外部各种关系，更需要非同寻常的智慧、远见和胆识。而要拥有这一切，学习借鉴其他国家的实践经验，尤其是主导这些实践的思想观念，是必不可少的重要环节。

从更大的方面说，高等教育机构自建立之日起，就与文化传播、交流结下了“不解之缘”。不同文化教育之间的交流、相互影响始终是推动高等教育发展的重要动力。古希腊的学园对古代东方高等教育机构的借鉴，古罗马对希腊文明的吸纳，文艺复兴后欧洲各国在学术研究等方面的相互影响，尤其是近代以来，文化、学术、教育的交流在促进不同国家高等教育改革发展中的作用日益广泛、显著和重要。在一定意义上，一段高等教育的历史，同时也是不同文化、学术交流不断开展、推进和深化的历史。作为文化教育交流的重要途径，译著始终是这段历史的重要组成部分。

为适应我国高等教育改革发展的新形势，进一步丰富我国的高等教育研究，浙江教育出版社决定在已有基础上继续推进国外高等教育名著的译介，出版“新汉译世界高等教育名著丛书”。

从书将按专题分辑出版。

从书第一辑收录美国十二位著名大学校长的主要教育著作。他们是：哈佛大学校长埃利奥特（1869—1909年，任职期间，下同）和洛厄尔（1909—1933）、耶鲁大学校长波特（1871—1886）、密歇根大学校长塔潘（1852—1863）、霍普金斯大学校长吉尔曼（1875—1902）、哥伦比亚大学校长巴纳德（1864—1889）和巴特勒（1902—1945）、布朗大学校长威兰德（1826—1855）、芝加哥大学校长哈珀（1891—1906）、斯坦福大学校长乔丹（1891—1913）、克拉克大学校长霍尔（1888—1920）、纽约大学校长布朗（1911—1932，1906—1911年曾任美国联邦教育署署长）。

19世纪后期至20世纪前期是美国高等教育发展的关键时期。在这个时期，美国高等教育实现了从传统学院向现代大学的转变，完成了以学术职业化为核心的“学术革命”，建立了较为完整的高等教育制度，从而开创了“美国教育史的新纪元”。[①]

在这个前所未有的重大变革过程中，一个非常独特的现象是，在一个不太长的时期内集中出现了一批著名的大学校长。他们之所以著名，并非仅仅因为他们任职于著名的大学（事实上，在那个时期，至少与欧洲的古老大学相比，美国大学大多并不“著名”），而在于他们高瞻远瞩、审时度势，在于他们富有管理智慧和教育素养，更为重要的是在于他们有着高尚的人格、坚定的信念和远大的志向。正是在这些校长的努力下，哈佛大学等原本较为知名的大学“旧邦新命”，焕然一新；一些原本不知名的大学从平庸走向卓越，成为世界著名学府，美国由此开始成为世

① 劳伦斯·维塞. 美国现代大学的崛起[M]. 栾鸾，译. 北京：北京大学出版社，2011：1.

界高等教育强国。罗杰·盖格称这些校长为“巨人校长”，他们开创了美国高等教育史上独一无二的“巨人校长时代”。[①]

迄今为止，除克拉克·科尔、德雷克·博克等少数几位美国著名大学校长的著作之外，国内尚未有对美国大学校长著作的系统译介。“新汉译世界高等教育名著丛书”第一辑收录的这十二位校长的著作集中反映了他们关于高等教育的理解，以及他们的办学理念和管理经验。他们的思想和实践业已成为世界高等教育宝贵的精神财富。系统译介这些著名大学校长的教育著作，呈现优秀大学领导者的理念和实践，有助于了解这些校长的教育思想和治校方略，探讨高等教育发展的内在机制与社会保障机制，为我国高等教育的发展提供经验借鉴。我们相信，本丛书的出版将进一步深化我们对高等教育的认识，帮助我们不断学习借鉴世界一流大学的创建、改革实践经验，为推进我国建设世界一流大学的战略提供历史经验和启示。

在丛书第一辑即将付梓之际，我们由衷地感谢浙江教育出版社的大力支持。正是他们的远见卓识和专注于学术著作出版事业的坚定信念，才会有越来越多的学术经典问世。在现行科研评价体制下，学术著作的翻译得不到应有重视，从事翻译主要是出于译者对学术事业的热爱和追求，我们对参与丛书翻译、校对工作的各位同仁表示崇高的敬意。

李子江　张斌贤

2019年12月

① 约翰·塞林. 美国高等教育史（第二版）［M］. 孙益，等，译. 北京：北京大学出版社，2014：120.

译者前言

埃尔默·埃尔斯沃斯·布朗（Elmer Ellsworth Brown，1861—1934）是美国著名教育家，曾任美国联邦教育署署长及纽约大学校长。他出生于南北战争爆发的1861年，出生地是纽约州肖托夸郡的凯恩特（Kiantone）。南北战争中，他父亲曾加入联邦军队，因病退伍后，全家迁到伊利诺伊州的萨布莱特（Sublette），以经营农场为生。农场小而贫瘠，全家人只能维持温饱，布朗很小就在自家和邻近的农场干活。他父亲没有上过大学，但非常好学，家中的餐桌就是一家人讨论知识和学问的地方。父亲的大学梦对布朗产生了很大的影响，他不仅上了大学，最终还成为了大学的校长。

由于家贫，布朗直到8岁才开始上学，他既聪明又刻苦，学业非常优秀。1874年，他还在读中学的时候，便参加了郡里的教师资格考试并夺得了第一名。由于年纪小，他当时没有当成教师，但这成了他投身教育事业的起点。1876年，他入读伊利诺伊州立师范学院（伊利诺伊州立大学的前身），在接受师范教育的同时，他曾担任过石岗市（Rockport）公立学校的校长以及阿斯托利亚（Astoria）公立学校的教师。1881年毕业后，他又在贝尔维迪尔（Belvidere）的公立学校当了三年校长。1887年，布朗进入位于安阿伯的密西根大学继续他的学习之旅。他跟随潘恩（William H.Payne，1836—1907）教授学习教育理论和教学方法，师从辛斯戴尔（Burke A. Hinsdale，1837—1900）教授学习教育史和教育哲学。坚实的师范教育基础以及实际的教学和管理经验使其从众多学生中脱颖而出，四年的学业，他两年就顺利完成，毕业时入选美国大学优等生荣誉学会。毕业后，他和新婚妻子远赴德国哈勒大学继续学习教育理论，其德语论文《普鲁士、英格兰和美国对待教会的国家立场以及中小学中的宗教教育》（*The Position of States towards the Church and Carrying out Religious Education in the Schools in Prussia, England, and the United States*）为其赢得了博士学位。返回美国后，布朗成为密西根州杰克逊（Jackson）一所中学的校长。1891年，他被选为密西根大学教学艺术与科学代理助理教授，临时接替他的导师辛斯戴尔教授的工作。他在密西根大学的工作未满一年便接到加州大学伯克利分校的邀请，随后他远赴加州成为加州大学首个教学艺术与科学教授。

布朗在加州大学工作了14年，辛勤的付出和出色的工作成绩为他在美国教育界赢得了广泛的声誉。1892年，他创办了教育系，设置教育学学士学位课程；1894年，加州大学开始颁发以他制定的标准为基础的加州中学教学证书。这期间，他出版的两部学术著作《构建我们的初中》（*The Making of Our Middle Schools*）和《美国州立大学的起源》（*The Origins of American State Universities*）成为研究美国中等教育和高等教育的经典之作。鉴于他在教育界的影响，1905年他被推选为美国全国教育委员会（National Council on Education）主席，1906年被西奥多·罗斯福（Theodore Rosevelt）总统任命为美国联邦教育署署长。

美国联邦教育署成立于1867年，当时隶属于农业部。由于宪法规定教育是属于各州的事务，因此教育署的职责只是负责收集有关学校和教学的信息，帮助各州建立有效的学校制度。布朗上任后，增设了高等教育和学校管理的部门，以便全面掌握各州教育的发展情况，更好地协调全国教育的发展。他到全美考察各级各类教育，针对教育存在的问题撰写文章、发表演说。丰富的管理经验以及出色的领导能力使得威廉·霍华德·塔夫脱（William Howard Taft）总统再一次任命他为教育署署长。1911年他卸任联邦官职，成为纽约大学第7任校长。

20世纪初的纽约大学正处于向现代大学转型的时期，布朗成功地将纽约大学带入了一个新时代。他在就职演说中提出，纽约大学不应只是纽约这个城市的学校，而应拥有更大的目标，承担更多的社会责任。它不应是哥伦比亚大学的一个部门，而应具有自己的特色。他在任的22年中，纽约大学在入学人数、校舍建设以及院系发展方面都跃上了一个新台阶。学校改组了教育学院，新建了工商管理研究生院、商业零售学院、牙科学院、航空学院、护理学院、美术学院以及为走读学生建立了男女合校的华盛顿广场学院（Washington Square College）；校舍从1栋主楼发展为华盛顿广场周边的10栋大楼，高地校区（Heights Campus）的面积也扩展到50英亩（202300平方米）；1914年学生人数为500人，到1929年就超过了7000人，成为当时美国最大的大学之一。布朗1933年退休，但仍被指定为名誉校长，同时也是大学理事会的名誉理事。退休后仅一年，他便离开了人世，享年74岁。

从乡村教师到中学校长，从大学教授到教育署署长再到大学校长，布朗把一生都献给了教育事业。他担任教育署长的5年中，极大地推动了农业教育、女子教育以及儿童福利运动的发展。为了传播他的教育理想，他把履职教育署署长前三年奔走各地的演讲辑录成册，于1910年出版，这个演讲集就是我们翻译的这本书，原名为《通过影响实现治理及其他讲话》（*Government by Influence and Other Addresses*）。演讲集由14篇演讲组成，内容涉及政府治理、教育与城市的关系、工农业教育、教育创新、幼儿教师培养、师范教育的大学化、学校教育与生产劳动的结合、宗教教育与世俗教育的关系等多个方面。透过这个演讲集，我们不仅能够了解布朗的教育思想，还能够纵览美国20世纪初的教育面貌。

本书最重要的是放在首篇的《通过影响实现治理》，布朗曾在两所大学的毕业典礼上发表过这个演讲。在这篇演讲中，布朗对政府治理与教育之间的关系进行了深入的阐述，指出通过教育发挥的影响来实现治理是一种良好的政府治理模式。布朗指出，政府治理的目的是合作自治，良好治理的要件是要让民意通过公正的政治过程得以确认，在坚实的知识基础上得以推进并得到科学过程的证实，在这方面政府的威权、行政命令或管制无法赢得公众的信任。因此在现代生活中，科学和政治必须相互关联，彼此尊重各自的职权和行事的方法。布朗进一步指出，所有的学术和文化机构都承担着国家通过影响力来实现治理的职责，而教育机构体现出来的是有组织的、永久的、一以贯之的影响力，这种影响力不管是科学层面的还是艺术层面的，都是政府治理系统的组成部分。就对政府治理的影响而言，大学的作用尤其重要，它可以被看成是政府立法、司法和执法之外的第四个部门。大学以提供科学信息的形式为政府各部门提供最有力的支持，推进政府治理过程的公开化和公正化。作为政府治理的一种力量，教育所发挥的作用要数倍于军事力量，因此政府必须重视对教育的投入。埃尔默·布朗的观点不是作为学者对教育作用的一般认识，而是从教育管理者的角度揭示了教育与政府治理之间的关系，这些观点对现代社会的政府治理依然具有启发意义。

布朗任教育署长时期正是美国城市化迅速发展，具有美国特色的教育制度形成的时期。城市，尤其是大城市，无疑是经济发展的中心，但也应该是文化的载体，城市与教育之间应该是互动与共荣的关系，布朗对此种关系有着非常深刻的认识。在题为“城市的自尊”的演讲中，在列举了一系列让城市居民引以自豪的事物之后，布朗指出，任何城市的荣耀之冠都是城市所拥有的人，而能够给城市带来荣耀的良好公民的培养依赖的是从低到高一直延伸到大学的公立教育制度。对城市而言，大学是不同的社会存在，拥有不同的理想，它们互有所求，相互滋养，共同影响着文明的发展。坐落在城市的大学是城市的思想库和动力源，是城市文化的引领者。大学在努力为城市服务的同时，不能只顾谋求短期的现实利益，抛弃对纯学术和科学理想的追求，而要超越现实利益的吸引，坚持精神价值的追求。目前，我国正处于现代城市快速发展的时期，如何在更高的层面上理解城市与大学的关系，更好地发挥大学的功能，这是学术界和政府都需要深入思考并要一起解决的问题。

布朗接受过师范教育，担任过中小学以及大学的教师，深谙教学之道，他认为教学是艺术，具有创造性。好的教师是艺术家，能够看到孩子身上最好的东西并引领他们进入更高的境地。他们并不追求教学手段和方法的最新潮流，而是关注真实的能经得住时间考验的东西。能在身边引导学生思考的无疑是好教师，但离开学生之后仍能影响学生的才是伟大的教师。什么样的人才能成为教师呢？布朗认为，首先要拥有从事教学工作的先天素质，其次要接受过良好的教育，具备一般的文化知识和某一学科的专业知识，最后要接受教育教学方法的培训。在20世纪初的美国，中小学教师培养主要是采取定向型的培养方式，即由师范学校和师范学院来培养教师，虽然也有个别大学参与教师教育，如布朗在加州伯克利分校教育系进行教师教育成为全美的典范，但大学与教师培养基本上是没有关系的。布朗从当时的社会需求出发，从教学专业性的角度提出师范学校应该与大学建立合作关系，共同承担教师培养的任务。他提出，为了提高教师的培养质量，师范学校的前两年可以提供与大学同样的课程，师范学校与一所大学或几所大学之间建立教师互换制度，培养教师的大学建立专门的教学实习制度，等等。针对家庭教育和学前教育的问题，布朗提出，应建立专业学校或者在大学设置相应课程以培养专业性的幼儿保育员。课程要包括教育学的内容以及医学护理方面的知识，培训方式要理论与实践结合，招收的学生要达到高等院校入学的水平。布朗的这些设想在20世纪中后期美国的教师教育领域都成为了现实。

布朗出身于农家，农场生活的经历以及教育家的素养使其能从农村发展的高度讨论农业教育的问题。他认为，理想的农业教育是由低到高系统连贯的学校教育组成的：低端的乡村中小学依然是普通教育学校，但要把书本知识的学习与古老的学徒制中的精华结合在一起，既通过普通教育培养学生良好的判断力，又通过实践训练让学生掌握一定的农场工作的技能；高端的高等院校既进行农业方面的科学研究，又源源不断地为农村中小学培养农业及其他相关学科的教师，而且高等院校还要与其他部门合作，共同为农业发展提供服务。布朗关于农业教育的观点同样也体现在对工业教育的认识上。他提醒人们，新型的工业教育既不能只关注学生技能的培养，也不能培养只了解书本知识的学究，而要将两者结合在一起，培养能够促进工业及社会发展的有技能的自由的公民。要实现这样的工业教育，政府、工业界以及教育界必须通力合作，教育界要发挥引领作用。布朗关于工农业教育的思想都强调了教育与生产劳动的结合，他认为这不仅是提高工农业生产力的有力措施，也是青少年学生从学校学习向工作顺利过渡的必要条件。在“美国儿童的若干需要”的演讲中，布朗指出，学校学习和工作是两种不同的生活方式，缺乏衔接的突然转换会给青少年带来身心两方面的压力。要避免这些压力导致的不良后果，最好的做法就是通过各种途径将学校的学习与生产领域里的劳动结合起来，让青少年渐进式地顺利过渡到成人的生活阶段。在20世纪初，布朗敏锐地观察到现代工农业发展与传统学校教育之间的冲突，揭示了现代教育的根本特征，但是也应看到布朗所谈的教育与生产劳动的结合只停留于学校教育与农场和工厂劳动的简单结合，结合的目的只是青少年身心的健康发展，并未达到马克思所涉及的促进人的全面发展的高度。

与很多同时代的教育家一样，布朗的演讲中也涉及宗教教育和道德教育。他推崇宗教教育的道德作用，倡导宗教教育与公立学校分离，提出学生应该把追求知识作为道德的义务和责任。面对纷繁复杂的国际形势，他提出公立学校要通过各种课程和活动让学生了解和欣赏世界上的其他国家和民族，学会尊重不同的意见，培养真正的仲裁精神，为国际仲裁运动和世界和平作出贡献。他呼吁各国的教育学会之间加强合作和交流，以便进一步推进各国间的相互理解。

布朗对美国教育的成就有着清醒的认识。他充分肯定美国在教育领域的创新能力，也不讳言存在的各种不足。他认为美国在教育领域里的原创依然赶不上在机械方面的发明，因此要想在教育方面领先世界，还需要政府和更多人的关注和投入。

布朗笃信教育的力量，本书中的每一篇演讲都从不同的角度讨论了教育的问题。作为美国联邦教育署长，虽然他只拥有提供建议的权力，但高深的学识以及丰厚的经验使其提出的各种建议凝聚着过往的智慧，具有预言的力量。著名学者芬利（John H. Finley, 1863—1940）博士在他的追思会上指出，布朗是教师、学者、成功的教育管理者，更是创造历史的人物，他离世后四分之一世纪的美国教育史将由他帮着塑造。芬利博士的评价并不为过，美国20世纪中期的教育史中不断闪现出布朗的身影。布朗的教育思想不仅影响了当时以及后期美国教育的发展，即使在今天，依然闪烁着智慧的光芒，引发我们对教育、对社会的思考。需要指出的是，作为上个世纪初的教育家，布朗的教育思想不可避免地受到历史的局限，这一点请读者在阅读时加以注意。

本书由岭南师范学院屈书杰教授翻译，由首都师范大学陈璞副教授进行校正。由于译者水平所限，译文中若出现错误和不当之处，欢迎大家多多批评指正！

说　明

本书所辑录的是我履职教育署的前三年在不同场合所作的演讲的内容。有些已经见诸纸端，散落于各种出版物中，其中一些传播范围非常有限。这些演讲内容得以这种形式重印，首先要感谢最先登载这些演讲内容的期刊的出版者们。此次出版，本人对文中的一些内容进行了调整，很多部分也进行了重写，但有意保留了一些原文。

埃尔默·埃尔斯沃斯·布朗

1909年8月26日于华盛顿

CONTENTS

目录

第一讲

通过影响实现治理

本文是我于1908年6月17日在西弗吉尼亚大学毕业典礼以及1908年10月12日在北卡罗来纳大学大学日典礼上的讲话。部分内容发表在1908年10月份的《北卡罗来纳大学纪事》上。

我准备讨论的话题受到乔治·华盛顿（George Washington）一句话的启发，这句话出自1786年他写给亨利·李（Henry Lee）的一封信。信里涉及马萨诸塞州当时的暴乱，确切地说是人们熟知的谢司起义。亨利·李将军敦促国会施加影响以结束叛乱，华盛顿回答说："影响不等于治理。"

这句话戳中了新的合众国刚成立时所面临的困难。当时这个国家正处于历史关键时期。独立战争已经胜利，但统一的国家还没有形成，国会没有任何权威和权力。当和平的唯一希望系于当局的行政力时，它能够行使的只有影响力。但是那个关键时期是非正常的，也不会持久。如果华盛顿的话意味着没有权威的影响力不等于治理，他的话无疑在任何时候都是正确的。我想要说明的是，在正常条件下，随着各种措施的稳步增加，政府的权力应该以某种影响力而非以武力或强制力的形式来行使，而且政府通过影响力来进行治理是现代教育的主要关注点之一。

作为华盛顿之后的一代，丹尼尔·韦伯斯特（Daniel Webster）成为马萨诸塞州制宪会议中的一员。在该机构的一次辩论中，他支持用税收来开办学校，他说："联邦和新英格兰的其他州早就采纳并一直在维护这个原则，即为青少年提供教育是政府的权力和义不容辞的责任……我们将其看成是一个明智和自由的政治制度，它确保了财产、生命和社会的安宁……我们希望通过扩大教育容纳量来激发人们的责任感及对良好品格的追求。依托教育，我们尽力去净化整个道德环境，保持良好的情绪，以达到抵制不道德和犯罪的目的。我们希望有一种普遍植根于‘开明的、有原则的道德情操’中的安全感，它超越法律，并高于法律。”

我们可以用最清晰的语言并从最低的层面来说明这个道理。就保持社会秩序而言，与供养更多和平守卫者相比，使人们拥有良好道德和自治能力是更容易和更好的途径。这是最低层面的道理，因为它只考虑政府和教育塑造守法公民的职能。但是，如果影响力是政治权力中好的那一部分，那么在一个文明的国家，当我们涉及范围更为广泛的政府活动时，影响力必须发挥比较大的作用，而强制力处于相对较低的地位。换句话说，通过影响来治理注定是一种占优势的政府模式。

我们假设政府的目标在于推进自治。中央政府工作做得最好的时候往往是尽其所能促使地方形成真正有效自治的时候，同样，地方政府工作做得最好的时候，往往也是在其公民中推进个体自治的时候。这并不是说最好的政府是治理最少的政府。自由和统治不是跷跷板的两端。通过道德提高和自治能力增强，好的政府做得越多，自由就会越多。治理的目的不仅仅是自治，而是合作自治。至于外部约束，人们仅仅能够获得自由是不够的，作为自由人，他们应该为共同的目标去努力。通过这种自由合作，空洞的自由原则获得了道德的具体内容。大家一起生活，共同工作，不是通过外在的强迫而是通过内在的信念——这是人类在这个时代所寻求的圆满状态，而政府本身就是达到此圆满目的的一个强大的工具。

在华盛顿特区召开的各州州长会议上，我们已经见证了代表这个更新的政治理想的显著例子，那个会议从很多方面来看都值得深思。就在巨大的政治活动的前夜，我们的总统——一位优秀的政党领袖，这个时代最先进的联邦制的代表，召集所有州和地区的领导人讨论对公共福利有影响的相关问题。州长们的反响坦率且毫无保留。占总数90%的代表出席了大会。人们从各方面了解到大会的目的不是让各州从属于联邦，而是加速各州共同工作的行动。各州的代表不仅要执行整个计划中各自承担的部分，还要围绕自己的利益进行未来合作的安排。由此，政治历史上最困难的事情完成了。在积极的发展过程中，部分与整体、个体与群体之间的平衡保持了应有的水平。这是长期通过影响力来治理获得的丰硕成果。

有些词语可能蕴含着不同的意思，此时我们需要更精准一些。在我为这个演讲确定了这个题目之后，我突然想到“影响”这个词语也可以被用来描述我们政治生活中一些不好的倾向。“影响”作为社会治理中的基本形式，人们对此并非一无所知，但是人们经常将“影响”作为动词，即政府采用强制力去“影响”。通过影响力来治理与直接用强制力去“影响”完全不同。

我们现在考虑的是教育机构体现出来的有组织的、永久的、一以贯之的影响力。我们在这里只讨论普通公立中小学和大学，而在短短一个小时的时间里，我们无法同时关注这两者，所以在今天这样的大学的庆典上，我们主要讨论大学这一层面。

我们要切记的是，在这个国家，中小学和大学已经形成了一个系统，它们的影响力是同一个影响力。在我们努力普及教育的过程中，大学和小学代表了普及性的两极。小学是面向所有人的，但只能教授人类知识中很小的一部分。大学是面向所有科学的，大学展现了总的知识体系，研究选择知识的原则，据此来确定小学应该教授的知识范围。从另一个角度来说，小学和中学的训练及理念都是大学教学的基础，而且中小学校的需求在某种程度上与大学课程的安排有关。

初等教育还有值得一提的一个方面。中小学作为道德教育机构，可以成为特殊学校，教育那些放任不羁的孩子，为少年法庭的活动提供场所。通过少年法庭以及法庭所形成的民意，教育的目的会逐渐通过完整的刑法体系传播开来。我们不会放弃惩罚犯错者，因为在需要惩罚时，不作为的治理根本就不是治理。但是我们也了解到，在很多时候对罪犯的道德教育比对其惩罚更有益于社会，而且我们也倾向于在能够带来更好结果的地方选择教育而不是惩罚。通过教育的目标和方法来修改我们的刑罚程序无疑是现代治理制度中的进步之一。

在通过影响力进行治理方面有了方向上的变化。就公民的管理而言，各州寻求尽快地用内在的自我管理来取代外在的强制管理。管理的目的与公众利益是一致的，但人们要知道这些目的的意义，看到这些目的实现的希望，这些目的会很快取代那些外在强制力的控制，因为人类的本性会使这种改变变得切实可行。在我们的政治关系中，“最终的原因”会逐渐取代“直接原因”。但是只有狂热分子或教条主义者才会指望我们目前的管理体制会实现这种彻底的转变，因为我们对当今的政治还缺乏足够的关注。但是政治家不会忽略这样的事实，一些先进的州正致力于以教育的形式来稳步扩大政府治理的范围，伴随这种治理的是政府减少利用强制力来治理，更具体地说，这就是现代民主的做法。

如果我们通过对初等教育的简单回顾可以澄清一些概念，我们也可以从大学这个最先进和成熟的教育机构中得到一些关于在更大范围内实施这种管理模式的启示。鉴于州立大学所提供的服务，我们需要把范围限制在有代表性的一些例子上。

各州州长以及立法机关如今在很多问题上通常会很自然地向

它们的州立大学寻求建议和意见，特别是在过去的十年中，政府的这种做法已经形成习惯。在最近一个州的立法会议上，有20多个重要的议案由州长和立法委员会提交给了州立大学的不同科系，征求专家的意见以确定这些议案的科学性。在另外一个州，对所有具有特殊重要性的各种措施的相关文件，大学都可以自由地提出意见，而且州里的一些分担政府重要职能的委员会组织与相关专业领域最好的大学系保持着密切的联系。还有一个州把对农业肥料的检测以及其他具有重大实践意义的行政领导职责都委托给了农学院。这只是这些做法在小范围内取得的成效，它从公共基础的层面影响了这些教育机构。人们对大学的特别期望，就是不偏不倚的公开性，尤其是以科学信息的形式。在它们最擅长的领域，在推进政府治理公正公开的过程中，大学向各州政府展示了新的个性。它们与那些在各自领域中坚定不移为正义而战的人们一起在努力。

在众多利用影响力取得良好效果的治理方法中，恕我只介绍其中的两种。

首先，我们几乎无法预知统计学知识以及对统计学兴趣的增长会带来什么结果。统计数字只有通过比较才有意义，但是当我们对不同城市、不同机构或公司之间的统计数据进行比较的时候，我们通常会发现这些统计数据代表了不同的记录方法以及呈现事实的方式，而在现实中却无从进行比较。但这一切都在向好的方向发展。与那些歪曲或掩盖真相的人相比，想要知道真相的人拥有更多的同盟。人们对可进行比较的数字有越来越多的要求，这种要求带来的压力经过一段时间会影响会计制度。在现代商业模式之下，对会计制度的改良既是改善商业流程的关键，也是进行宣传的关键，而宣传是特定关注点及其支持者之间良好理解的基础。统计报告会影响会计制度，而改善了的会计制度会使商业受益，二者结合起来则会给受其服务的人们带来更好的商业服务。所以一份系统的报告就是一种温和的影响力，通过它，真正的改革得以实现；如果改良后的东西恰好是公共服务的组成部分，并与我们的联邦息息相关，我们就会发现一个真正的多维治理已经实现。

我们可以从州际商业委员会近期的工作中举例来说明这个问题。这个机构的设计改进了相关的交通系统的核算形式，此种形式可以作为相互比较的报告的基础，这不仅意味着商业委员会的工作取得了很大的进步，也意味着全美国的铁路内部管理系统新上了一个台阶。具有类似重要意义的还有全美人口普查办公室所做的工作，准确性较之前有很大提高。

下面我们再来看看政府治理中迥异的一方面。对任一法律而言，以何种形式颁布常常是需要重点关注的问题。一项民意测验显示，广受欢迎的政策可能最后会失败或者被长时间搁置，原因在于它没有经得住宪法的检验。这种检验可能只有法律付诸实施之后才能进行，而且通常情况下往往要等到通过该法律的立法机关又继续通过多个法律之后。事物的本质就是如此。我们不能指望法庭在没有先例或没有正反双方辩论的前提下就解决宪法方面的问题。但是，在法庭之外，如果我们对所涉及的相关宪法问题的给定措施进行初步考察，无疑，我们可以比一般情况下做得更多。

其他各种问题也在这种初步考察的审查范围内，比如，新法案与现行法律之间的关系，废除的法律条目及其内容，以及那些完成的律法的其他部分。一个外行可能依稀理解这些条款，但在面对律师、立法者以及法官时，他们却尴尬得无法列举出来。看来对法学院或大学政治司法系来说，这部分是个平等的领域，他们可以做些类似英国“议会财政顾问”做了近40年的工作。法庭、立法机构以及普通的民众都会从中受益。

这种考察性的工作不会僭越立法机构和法庭的任何功能。然而它的影响力却几乎不会仅局限在与法律本质不同的法律的形式上，因为这样的服务本应该定期组织并且持续很多年，同时必然会受到法学研究的影响。从事这方面工作的人必定会了解到各州对某种立法的切实可行的一致性的需求。他们在更多普遍的立法问题上的建议超越党派政治的藩篱，且价值与日俱增。这样的做法给我们改善新出台的法律带来很大希望，法律在一致性、合宪性、熟练性以及可行性方面都会有所改善。

我只是以最简单的方式介绍了以大学为代表的两种有组织的影响力，这些影响力与我们制定的法律以及现代政府管理体系所拥有的执法权一起发挥其应有的作用。但是这个运动的发展不是没有阻碍或问题的。我们必须谨记这样的事实，即我们特别的立法机关通常不愿意把自己的任何职权交给被指派为“专家”的其他人或机构。我们的政策是把立法问题交给不是来自立法机关的委员会的成员来处理，并形成反对意见。我们的联邦国会不愿意委托关税税则委员会指定关税税率就是这样的例子，从我们近期各州和联邦的立法历史中还可以找到其他的例子。

一般来说，这种态度是非常合理的。立法机关要做的就是制定法律，其成员的选择也是为此目的。将这种职权转交给非为此目的而遴选的人对立法机关来说是一种逃避责任的行为。他们要以实证法的形式解读人民的意愿。他们接受过培训，拥有经验，这使得他们能够比任何学术或科学机构更为准确地探知人们对任何公共政策问题的想法。因此，他们的工作是高尚的，是值得普遍关注的，我们应该带着敬意和信心看待他们的工作。

但是，日益明显的是每一个重大的政治问题不仅有意愿的一面，也有知识的一面。良好治理的要件是，人民的意愿通过公正的政治过程被确认，在坚实的知识基础上，得以推进并由适当的科学过程来证实。当立法机关坚持通过自己拙劣的程序来确认任何科学事实的时候，它们是不能赢得公众的信任的，而科学机构具备这样的能力，不用浪费时间和精力，而且是最准确的。同样地，一个能够胜任自己领域工作的科学机构，一旦进入党派政治的领域，笨拙地运用政治家们驾轻就熟的各种程序时，就无法左右公众的信心。在这两个例子中，僭越其他领域的结果都是荒谬的。但是，在现代生活中，科学和政治的关联性显然越来越大，极为重要的是各自应尊重彼此的职权和行事方法，并且双方机构都应该在各自的领域内全面调动公众的信心。

随后就会出现这样的情况：寻求可靠立法的科学机构必须把自己的事业委托给立法者和政治家。因此，无论出于何种目的或需要，科学知识的立法机构最好都求助于有能力的科学家以获得相关信息。

我觉得必须强调这种观点，即政府无法通过那些临时组成的委员会提供合适的科学方面的服务。那些和政府有关的重大的、永久性的公共利益需要常驻的科学机构提供服务。这样的科学机构要具有坚实的基础，经过时间的检验，在构成方面要像政府的其他机构一样令人钦佩。对委员会的很多反对意见来自于它们的临时性和不确定性。我们无法预料立法机关会不会保证遵循惯例和实践就科学问题寻求科学决断，除非在声望方面可与之比肩的知名科学机构成为此类职责的承担者。科学是彼此紧密交织在一起的，任何代表单一知识分支的孤立的机构都无法承担这样的重任。只有全面培育多种科学及其相互关系的机构才能够在我们的治理系统中占据这样重要的位置。换句话说，现代政府极其需要现代大学。这其实既不是新的也不是当代的需求，这种需求的先例可以追溯到中世纪，当时对这种需求的紧迫性丝毫不亚于当今社会。

在人们给予特别关注的问题中，州立大学应该非常适合提供这种公共服务。它们的图书馆和实验室不断发展以满足岁月更替的要求。它们的院系拥有在很多知识领域融会贯通的人才和刚刚从世界上顶级学府毕业的青年才俊。它们拥有经过时间考验的方法和程序来选拔贤能，长期以来它们一直关心涉及各州的、经济的、社会的以及专业的广泛的利益，而且能够随时将它们的研究转向新的以及可能出现的相关需求。因为拥有追求卓越科学以及提供无私公共服务的传统，在任何一项任务中，大学的每一个部门都会被大学组织整体强化。没有党派性质的政治影响，也几乎没有强制执行任何法律规定的权力，大学仅仅通过探知和提出与各州关注的事情有关的科学信息，就能够为政府的相关部门提供最有力的支持。

我们需要注意的是，政府治理科学层面的问题同样适用于艺术的层面。人们事实上不可避免地强烈希望美国政府要比以往更关心艺术，因为艺术既是公共利益也是公众的需要。20世纪的大学里应该有美术，就像19世纪的大学为了自然科学添置设备一样，美术可以使一个学术组织变得更完整。

鉴于目前各州为实现其政治目标越来越依赖科学和艺术，最近有人指出，大学与政府的立法、司法和执法部门协作，简直可以被看成是政府的第四个部门。这些机构所提供的服务是非常独特、不可或缺的，因此大学提供公共服务的特性并非不着边际。

教育确实或多或少是这样的一种政府治理力量。它的“少”在于它具有的诸如此类的管理特质只被部分人认同，它的“多”在于它支持了所有政府的治理，培养社会的公民，而这些公民使我们的政府成为应该成为的样子。在某些细节方面，美国的教育系统更像是教会和政府合在一起的一个机构。然而，这样的对比也只是部分揭示了现代文明中这个最具普及性的机构的特征。和其他地方一样，美国的公共政策似乎至少要求我们的中小学和大学有足够的经费保障，受人尊重，在公共职责范围内行动独立，而所有这些都应该可以与任何一个政府部门所拥有的相媲美。

尽管我们的教育系统的责任主要由各州承担，但必须明确的是，当教育与我们国家的根本利益相关的时候，联邦政府不能对这些问题漠不关心或无所作为。总的来说，在把教育机构作为政府治理的左膀右臂方面，各州走在了联邦政府的前面。但是在配备专门的科学研究部门方面，联邦政府则把各州甩在了后面。不管是在各州还是在联邦，我相信用于治理目的的科学的价值只有通过某种形式的学术组织才能得以充分实现。分散各处的图书馆和实验室、偶尔进行的专门调查、特别调查人员，不管在各自的领域里多么重要，如果要想在政府治理机制中发挥适当的作用，所有这些机构和人员就都必须具备某种形式的自觉以及永久的内在凝聚力。它们聚集在生机勃勃的新兴大学里。它们也需要聚集在这个国家的首都，不管这种机构应该冠以大学的称呼还是其他相称的名字。当这样一个全国性的机构最终问世的时候，人们会发现有无数种公共服务的途径，因为就我们的国家生活而言，通过影响力来治理预计会达到最高和最多样化的发展水平。

但是从广义上说，这片国土上的所有学术和文化机构都承担着通过影响力来治理国家的职责。不管其正式的组织形式是公立的还是私立的，这一点都适用。不能忽视公立中小学和州立大学的特殊职责，但是所有有组织和有永久影响力的机构，无论这种影响是科学的、艺术的还是从广义上来说是精神的和道德的，都是我们基本治理系统的组成部分。在我们这片土地上，这样的机构正肩负着新的治理责任，开辟着新的政府治理之路。最近出现的趋势进一步强化了这一信念。

在世界各国中，我们已经占据了新的位置，在国际事务中的重要时刻，在这些新关系的压力下，保持本质特征是非常重要的。新时代所带来的最突出的需要是建立更强大的陆军和海军，这种需要是明确无误的。如果现在没有满足，将来也会满足。新时代带给我们最紧迫的需要是我们继续影响而非强制我们的政治领军人物。满足建造更多军舰和武装更多军队的新预算必须与扩大知识、智力和道德力量的新预算相匹配。如果我们用于加强影响力的预算落后于用于武力的预算，我们会发现政策的重心将从以往置于国家特性中好的元素转向军事机构这个新中心。没有必要夸大这种危险，危险就在那里，我们不能视而不见。如果我们允许用于战争的预算增长得比教育预算快，我们就无法逃离这个危险。

在这个世界上，我们的力量来自于保持我们的观念、标准和信念的先进。像科学家热爱真理一样，把对真理的爱传播到四面八方，把盛行于我们最高法院的正义理念四处传扬，把对荣誉的珍视、对美的欣赏以及自由传播到异域他乡——用这些去赢得其他国土上的人民对我们的敬重。如果更高级的影响力依然在我们的各种事务中发挥作用，这就是我们的世界政治计划。除了加强我们的国防，让所有科学和艺术机构与我们的中小学和大学一起去把这些事情做好做大。它们的影响力要比我们的军队和军舰大很多。

年轻的朋友们，在这个新的时代里，支配人们的将是我们的目标而不是恐惧。没有人能用无法预料的方法来使你相信武力规则。你们要把这个国家建设成正义超越一切的国度，这个正义是宗教所珍视的正义，是在科学和艺术以及所有自由教育中拥有坚定同盟的正义。不管是在公立学校还是任何其他的学校，不存在私人性质的学习。科学和公共服务是一个盾牌的两面。现在，你们是这个国家的栋梁，我们指望你们维持这样的一个政府——一个通过思想、真理和正义来实现治理的政府。

第二讲

城市的自尊

本文是我于1907年6月1日在辛辛那提大学毕业典礼上的讲话，发表在1907年6月的《辛辛那提大学纪事》上。

不同城市的人们在谈论自己所属城市的时候，会表现出很大的不同。每个城市不论大小，它的市民似乎都会以某种流行的或自豪或贬低的口吻来谈论它。人们用这种口吻来彰显自己的居民特性，并且这种特定的口吻是如此地根深蒂固、习以为常，以至于很难加以改变。

对任何城市及它的市民来说，拥有对城市的尊重和自豪都是一件好事。当耶路撒冷的千夫长要求保罗应答时，保罗回答说："我是一个男人，一个大数的犹太人……一个了不起城市的市民。"这些话为他赢得了为他举办的听证会，而且这些话映射出的大数荣耀贯穿了整个基督教鼎盛的年代。[①]

我们有时习惯于用责备的方式谈论离我们最近的东西。总体上，这种倾向也应该让它顺其自然，因为它可以防止我们过分地陷入自满的境地。任何一个城市都有些欠缺的东西，是经不起大量的批评，哪怕是最了解它的人所揶揄的。就让那些批评自行其是吧。但是，如果我们的爱国主义能够触及我们所居住的社区，我们就应该让那些关于居所的言论充满信心、希望和自豪。

大体上，我们发现人们很容易对自己城市的"第一"和任何能够用"最"来形容的事情表现出自豪。这是我们"夸张的比较法"，但是我觉得我们也可以观察到一些拥有正能量的人们在进行比较时会有某种沉默。事物只有放置在同样的类别中才能够进

① 大数（Tarsus）是《圣经》中人物保罗出生及长大的城镇，也是古罗马在小亚细亚基利家（Cilicia）省的省会和重要城市。此段话出自《使徒行传》第21章39节。——译者注

行比较。对于世上比较重要的事情来说，这样分类可能会掩盖事物的某些特征，而善于思考的人会把这些特征看成是事物的价值所在。

让我们把注意力放到城市居民可能会引以为自豪的城市生活相关的事情上来。我们不能忘记每个城市都有偶尔暴露出的令人羞耻的一面，我们也不能否认城市的财富也是一种荣耀。但是今晚我们关注的只是那些价值更高、更值得言说的事情。如果有什么美德和值得赞美的东西，让我们花一点时间想一想它们。但是，要想对证实城市自尊的东西进行一些分析，你们不会指望我马上分析你们的城市辛辛那提。这座城市的声誉具有如此广阔和稳固的根基，我所说的一切可能都可以在这里找到鲜明的例证。但是让一个陌生人在一群比他更深谙自己城市的听众面前承担赞誉之责，似乎不太恰当。还是请你们来做这个分析吧！毫无疑问，你们会找到丰富的例证，而且广泛实在。

城市的高雅生活不是一个抽象的概念，也不是远离城市物质生活的东西，它是以经济和商业条件为基础的。居民应该以城市商业和制造业的多样化为荣，以主导的商业手段的智慧和诚信为傲，为他们银行的可靠、就业机会的丰富、雇主和雇员之间良好的关系以及劳动者富裕的生活而自豪。没有这些条件，城市更高层面的利益就会受限并缩水。而且正是在维持经济健康发展的过程中，企业家的道德张力才可以得到最好的表现。

与这些事情紧密相连的是对城市管理的自豪感。当城市的各个部门和阶层都对市政事务感兴趣并参与到城市的政治生活中，当政府长期远离丑闻或公务员偶尔的不当行为被迅速查处，当税收的负担被公平地分摊，当警察和消防部门行事端正而高效，当卫生部门给出很低且在不断降低的死亡率或几乎没有出现流行病，当水、电、交通费用没有大比例地超过普通服务的成本，彼时，这样的自豪感就能被充分地激发了出来。

对城市的自豪还体现在城市的公园，儿童的游乐场，路面平整、绿树掩映的街道，精美的公共建筑，还包括对贫穷家庭的卫生规范。我们有培养优雅精神的温床沃土，而精神魅力正是城市生活最精美的花朵。

除此之外，任何城市的荣耀之冠都是人赋予的，只有人能让城市更卓越。那些著名的律师和法官是谁？他们有超越一般人的学识和洞察力吗？支撑他们言辞说服力的是对重大事务的了解和对法律及道德准则的精通吗？那些内外科医生拥有非凡的技能吗？宗教人士具有奉献精神和良好的口才吗？他们对所处时代的精神追求有睿智的见解吗？所有的善行都走在前面吗？艺术家的画作以及作家的书籍赢得全世界认可了吗？那些大型慈善机构的人们能够使他们的善行真正帮助人们自助和自尊吗？参与社会活动的女性领袖们，她们的美丽和优雅在愉悦了城市的同时，是否自己也得到了加强和净化？还有，这个城市的企业家的公共精神是什么？他们能够超越个人关注点而大量思考公共利益吗？我们目前的城市中有这样引人注目的例子，城市里的商人们在公众关心的大问题上展现出齐心协力的力量，但同时也有缺乏这种力量和精神使其蒙羞的例子。对一个城市的自尊来说，看到任何一项伟大的公共事业毁于缺乏广泛合作都不是一件好事。

一个城市的报纸杂志可能是城市自豪感的主要来源。我们见过这样的例子，人口相当少的城镇长期通过精心编辑的日报影响周边的公众意见。在一些人口较多的城市，新闻出版业对市政大事有很大的影响。因此，一个城市会为他们的领袖们在政治生活中表现出的影响力和睿智而骄傲。在我们的制度之下，这片土地上每一个最偏僻的地区都处于各州和联邦的共同管理之下，处在它们所选择的一些公民的管理之中。当它的市民在州里以及联邦的事务中被委以重任，代表这个国家与外国势力打交道的时候，这个城市可以高昂起自己的头颅。城市的荣耀在于它的人民拥有正义和力量，只有力量被正义充注，他们才会给城市带来荣耀。在一些社区，大家一致认可“法律界领袖”的职位几乎和市长的职位是一样重要的，而且任期还更长些。还有一些地方，甚至是比较大的城市，认可法律界领袖为“最重要的公民”，不管他的生活态度有多私人化。

最后，在列举城市之所以自豪的依据时，我们必须提及那些享有盛名的组织机构。这当中有教会，尽管每一个教会都有着半私人性质的历史，但它们都以自己的方式将永恒的启示之光穿透城市生活的庞杂结构。还有城市里的医院、图书馆、音乐以及戏剧艺术机构。“莎士比亚”、交响乐团以及巡回图书馆可以相当准确地检验出一个城市的文明程度。

最为重要的检验是公立教育的状况。我们的民众通常会随时称赞他们的公立学校。本应如此，而且学校一般也值得他们信任，但是遗憾的是，公众没有随时可以利用的标准来区分哪些学校是值得赞扬的，哪些是需要改进的。公立教育系统优异的一个指标无疑是高年级学生的出勤率，而且教育的安排是按照从低到高的顺序紧密连接在一起的，所有学生都可以通过清晰连贯的制度进入其先天能力允许其达到的最高层次的教育机构。在我们的城市，公立学校系统非同寻常，从中小学一直可以延伸到大学。

在这片土地上，有两种影响力共同影响着文明的建设，即城市的影响力和大学的影响力。这两种影响力的理想并不相同，很多时候它们是彼此对立的，但有时又会相互补充甚至彼此强化。

大学的标准代表着我们文化遗产和哲学思想的最辉煌的部分，它代表着科学的持续发展和最高层次。在美国的教育体系中，它几乎也同样代表了应用科学的最高成就。未来的前景是艺术将与科学联合，从而极大地扩大大学的目标和影响力。我们看到，这个运动已经开始，美术已经进入大学，而且我们相信这个运动将会顺利地进行下去。在文学、哲学以及自然科学方面，大学代表着对真理的纯粹奉献，不去考虑回报或任何外在的利益。它的道德目标表现在对公共事业彻底无私的奉献上，同时通过对真理的不懈追求，使这种道德目标得到进一步深化。

另外，城市生活涉及利用强大的力量，即物质和经济的力量。它使财富和人们的抱负成为城市活动的主要工具，但它最重要的特征是人际交往的高度集中。在不断面对相反观念的过程中，它磨炼人们的意志，也教育人们形成都市品格，即能够以开放的心态接纳和欣赏各种不同的思想。就人与人聚会而言，城市生活也设定了自己的标准，一个社交礼仪和社会公德的标准。它的道德目标体现在努力寻求最佳的办法达成人们之间的各种合作上，共同推进公共利益的发展。

大学的理想是学术自由，城市的理想是高效的世界大同主义。在我们的现代生活中，再没有什么比这两个理想间的相互作用更为重要的了。

一所优秀的大学，无论坐落在哪个人口稠密的中心，这两种类型的影响力都会以非常明显的形式相遇并交织在一起。如果在某个城市这两者结合得很紧密，同时大学是整个公立教育系统的一部分而且位于系统的顶端，那么大学和城市的理想之间就有机会结成丰硕的成果。大学立刻就会成为城市的识别标志，而且成为城市有意设立的机构，去影响并很可能重塑城市生活的理想和目标。在这种情况下，它们有权去期待彼此的是什么呢？首先，大学对于被它装点了的城市会有什么期待呢？

我没有关于辛辛那提当地的丰富知识，我只是作为一个想了解普通教育运动的普通人来讨论这些问题。从这个角度出发，大学可能会希望城市理解它的地位和目标，在众多让城市引以为傲的事物中将其置于前列，同时在大学追求最高的学术理想过程中能为其提供所需的道德上与财力上的支持。成为完全的现代大学是一个很高的抱负，这个目标很容易得到人们的欣赏，但实现起来很难，因为现代大学要探索很多知识领域，大多数领域中的装备，即书籍和仪器，不但价格昂贵，而且要经常更新。大学还必须有这样的人：他们在各自的领域取得卓越成就，在重要的国际学术圈为人所知；通过科研不断成长，随着时间推移，名气越来越大；献身科学和公共事业，是所在社区的荣耀。大学需要这样的人，但是供不应求。大学管理的先决条件是通过选拔获得这样的人，并且要留住他们。每个大学无疑都渴望在它们的院系中有几个这样的人，即在他们的学科领域是世界公认的领军人物。

考虑这些问题时，我们不得不强调城市大学和城市公立教育系统的关系。大学应该有一种拉伸力，吸引有前途的年轻人通过逐级向上的学习扩展自己的才能，找到适合自己的职业。为了提高效率，大学要确立学术以及人才培养的高标准。整个社会都要理解这种服务的伟大意义，而且要随时调动掌握的各种力量去支持提供这些服务的机构。

城市反过来会要求大学些什么呢？它可能会希望中小学的每一个孩子都能得到很好的教育，能接受到更多的激励去追求更高级的事物，而这些需要由大学来提供。它也可能希望城市生活中强硬的重商主义通过与纯粹对科学的奉献以及精神层面的东西相联系，从而使其不和谐的境地能够有所缓解。城市希望由于有大学在，城市的名气得到提升，并且会被人们发现是个宜居的好地方。城市也会希望那些促进城市荣耀和高尚生活的其他事物，如图书馆、博物馆、音乐和艺术设施、宗教机构、慈善机构等能直接或间接地从大学及时发散出来的影响中得到多方面的加强和改善。

这还不是全部，城市和大学之间还必须互相影响。城市产业的需求将给大学的活动提供刺激和方向，纯科学的研究也将进入我们的日常生活。因为有了更好的机器和方法，有了学校培养的能满足当今需求的更优秀的人，我们的工厂会做得更好，会从现在浪费掉的东西中获得更多的利润。大学将把最好的商业经验搜集起来并组织成课程，经过这些课程的培训，人们会去各地运用这些更好的方法。在大学接受过培训的教师将会把更高尚的文化和科学精神带到中小学，进而带进城市的千家万户。通过这样的活动，大学将冲破长期使其隔离于社会的藩篱，自由地参与到真正的城市生活中。从未来的发展看，这两个重要的形成性影响力在现代文明中的联系是非常令人鼓舞和具有启发意义的。现代大学几乎就是城市本身，而现代城市则响应大学的影响。当一个伟大的城市构想学问之所的时候，它不会不努力去理解和维护高等教育。

我想跟辛辛那提大学的人们说一件事，也想跟今年毕业的同学们说一件事。作为朋友，请允许我命令你们：坚守为真理献身的学术理想。你们正努力将大学与城市的各种需要紧密相连，这点做得很好。这显然是当今大学要做的工作，而且大学将从这些工作中获得数不清的好处。但是在做这些工作的时候，不能荒废了其他事情。你们最有效的服务、最实际的服务，最终都要依赖于你们对纯学术和科学理想的执着。不要为了普及而降低任何科学的标准，不要为了追求即时的商业应用而减少为了真理本身去探索的热情。你们的力量、影响力以及服务的能力都与你们对永恒大学精神的忠诚联系在一起。这样的忠诚并不容易成就，而且也更难以坚守，但是，这就是你们的生活。

我没有什么理由相信你们还需要什么特殊的训诫，但是由于理想的崇高和严肃性，这一需求难道不是现在的需求？缺陷的危险难道不是现在的危险？

还有你们这些毕业班的同学，请让我告诫一下你们。你们从大学中带给城市的应该是能为城市增添美誉的东西。大学的真正理想与城市的崇高理想是和谐共生的，城市能够极大地扩展大学曾经给予你们的教育，但是城市生活中也有低俗的理想，为此真正的大学精神必须与此进行不断的斗争，而且我希望你们通过直接参与城市的政治和社会生活来与它们作战。社会最大的敌人是漠不关心和愤世嫉俗。对于公共服务中的考绩制度、贫困人口生活的改善、劳资双方的相互理解以及所有我们城市生活中的其他紧迫问题，真正的大学精神能够为解决这些问题提供一些帮助。如果那些问题过于简单，就没有必要用大学精神来处理，而且你们也没有必要去思考它们。正是因为这些问题棘手难办，也正是因为有人无能为力，而且也正是因为大学的理想在这些真正的困难面前显得不切实际和软弱无力，你们这些拥有大学精神的人才应该投入战斗并与这些困难奋战到底。如果大学毕业生在我们的城市坚持原则，据理力争，就可以让人们看到，对城市的自尊而言，大学能够给予的东西胜过其他一切。

第三讲

农业教育的发展

本文是我于1907年5月30日在密歇根州兰辛市的密西根农学院50年校庆典礼上的演讲，此典礼也是美国农学院和实验站第20届年会议程的组成部分。1907年12月10日，此文发表在美国农业部实验站办公室编辑的第196期工作简报上。

在美国，作为开路先锋的农民们在生活中享有双重乐趣。首先，他们是开拓者，体会着开拓过程中的所有惊险与兴奋。其次，他们又是农民。他们从事的农业劳作艰苦、粗陋，但为他们提供着生活必需品。当人们第一次克服了大自然的障碍，修建起小木屋，清理好林地，让犁铧钻入泥土，大地做出了回应，并显示了其足够的富饶。至少在一段时间里，农民的生活变得不再那么艰难。但是开拓的热情消失了，而且很多爱冒险的人很快向西部进发，这些人可能觉得文明的利刃仍然可以在原始与野蛮之地开路，并且他们清楚地知道，这利刃便是他们为了生存而进行的不懈努力。留下来的农民现在只是农民，不再是开拓者。他们看到土地从最初的富饶回落到产出一般的范围，生活也变得平淡而俗套。随着新的社会关系的出现，新的欲望也随之被唤醒。在每个社区里，总有一些人拥有洞察力与旺盛的精力，让自己始终走在时代的前列，但对大部分人来说，占据他们生活大部分的生计之道已经成了一种没有前途的、乏善可陈的、愚昧无知的奴役。在今天这一喜庆的日子里，我们要重拾过去的做法，将新的热情注入到美国农民颓废的生活中去，让农场成为新边疆的组成部分，让美国农民再一次成为开疆拓土的先驱者。

最初改善我们的农业的是一小部分人，他们对农业的兴趣在很大程度上是把农业看成是公共利益。乔治·华盛顿是这些人中最早也是最有影响力的人物之一。不管是战争年代还是和平时期，他都走在他人前列，同时他也是那个时代的第一位美国农民。他对这个新国家的教育需求的远见包括了诸多提议，其中涵盖建立农业委员会、军事学院和国立大学。其他关心农业的政治家以及从政的农民，从他们的角度敦促为农业信息的收集和传播提供切实可行的条件。这些人认为，保障农业产业全面改善所需要的主要是信息，即那些在农业实践中最为先进的经验和做法的信息。欧洲农业的新意识在当时的美国农业领导人中产生了巨大的影响。

当我们还只有《邦联条例》的时候，农业学会便已初具雏形。宾夕法尼亚州和南卡罗来纳州在宪法被采纳之前就已经建立了这样的学会。纽约、马萨诸塞和康涅狄格在华盛顿执政期间紧随其后。这些学会在18世纪末便开始发行出版物，而农业展览会在19世纪的最初几十年也开始出现了。为了确保建立一个全国性的农业委员会，各方做了多种努力，这些努力最终导致了国家专利局在我们举行庆典之前的一天首次发放了种子，也实现了1854年首次独立的农业拨款。

通过这几次运动以及发行农业期刊，再加上农业组织的后期发展，人们对改善农村条件的兴趣已经日益浓厚。但是，我们今天必须把注意力放在有组织的农业教育的发展上。在这个问题上，我们绝不能有半点拖延。

首先，我们来看看人们讨论过的农业教育的一些相关问题，这些问题必须从真正的教育视角来考虑。从历史上来看，将农业纳入任何一种易管理的教学形式都是极其困难的。这个国家中，每个人对农业都或多或少有所了解，这不但不是助力，而恰恰是一种阻力。人们很难采用下面的方式来对待这个问题，即一方面要避免过分陈腐，不能一味重复人所共知的知识或个人的想法，另一方面还要避免过量的自然科学，这些科学本身极为有趣，但难以应用于农场。包括教育本身在内的某些其他学科也有这样的缺陷。这是欧洲农业学校遇到的一个难题，在密歇根州立大学农业学院成立之时，无论是欧洲还是美国都还没有解决这个难题。除了学校之外，对手工行业最有效的培训方式仍然是某种形式的学徒制，而学校长期以来一直把人文素养的培养放在首位。农业教育面临的问题是如何在同一个教育过程中将学校和学徒制的优势结合起来。在过去的半个世纪里，在我们所有针对专门职业的教育中，这个问题都以某种方式存在着。

再者，对于学习教育史的学生来说，农业教育的这个问题是职业教育大问题中的一个方面，而且是特别难以解决的一个方面。你们不必指望我来讨论农学院的历史，在场的其他人这方面都比我做得更好。但是我的主题涉及范围更广的运动，农学院的非凡历史只是这个运动的组成部分。

在我们这个国家，农业原理的系统教学很难说是从哪里开始以及如何开始的。这种教学可以追溯到殖民地时期，在达特茅斯学院的前身——摩尔印第安人学校（Moor's Indian School）就有某种形式的农业教育。本杰明·富兰克林也曾为宾夕法尼亚大学的前身——费城的文实中学提出过类似的教育，但他的这个计划并没有实现。在19世纪20年代和30年代，人们对手工劳作学校产生了极大的兴趣。人们提议，这些学校附设一个农场，让学生一天中的一部分时间用来学习，另一部分时间用来从事普通的农业劳动。显然，这样做的目的起初是为了给学生提供通过劳动赚取学费的机会，但是也有传授更好的农业生产方式的想法，而且至少还有一个更美好的梦想，即将脑力劳动和体力劳动结合在一起。一些老牌院校至少也关注农业的科学层面，哥伦比亚大学甚至还为农业学科设立了与其他科学领域同等地位的教授席位。紧接着，就在上世纪中叶，密歇根州在1850年州宪法中加入了建立农业学校的内容，7年后，作为美国同类学校中的第一所，同样也位居一流的这所学校就做好了招收第一批学生的准备。宾夕法尼亚州已经组建了自己的农民中学（Farmers' High School），而且它比密歇根州立农学院实际开办的时间早了两年。同样在1857年，佛蒙特州的贾斯汀·莫里尔（Justin S. Morrill）率先在国会介绍了他的关于由联邦政府在一些州捐助农业和机械学院的举措。

需要特别指出的是，这一运动主要是群众运动，或者说是群众领导者的运动，它同时在各州和联邦立法上得到了体现。最初各州和联邦政府都采取了行动，但进展都很缓慢，而且是小心翼翼的。在随后的短短几年内，规模迅速扩大。与其他公共利益一样，这一运动处在联邦宪法的广泛限制范围之内，鉴于实际需要而非学术理论上的考量，各州和联邦机构之间时不时地进行各种工作层面的调整。

毋庸置疑，这个运动中最伟大的、具有划时代意义的就是《莫里尔法案》（*Morrill Act*）。南北战争给国家立法中的民族精神注入了新的力量，使得这一法案最终在国会得以通过。1862年7月的第二天，“我们新土地的新人”、西部的土地勘测员终结了美国领土上一切奴隶劳作的伟人——亚伯拉罕·林肯在签署这一法案时决心让我们的农民通过知识和先进的技能从繁重的农业劳动中解放出来。

根据1862年的《莫里尔法案》，联邦政府以赠拨土地的方式向各州提供了援助，它鼓励各州以自己的方式发展农业和机械领域的高等教育。虽然法案强调了对技术的研究，但它并没有在技术学科和构成自由文化的训练之间明确划定界限，而是在两者中都加入了军事教育，目的是为保家卫国做好准备。

随后，联邦政府很快又采取了一系列重要的行动：1862年成立了联邦农业部，1889年将其提升至内阁级；1867年成立了联邦教育部，1869年将其降格为局级单位——教育署。这两个政府部门以各自的方式负责管理后来的与农业教育有关的法案的实施。我想补充的一点是，将来那些崇高目标的实现依靠它们之间有效的合作，而那些法案也是为了那些目标而被通过的。

内战结束后，在联邦政府赠地拨款的扶助下，农业院校的建立稳步推进，直至所有的州都建立了这样的学校，其中还增加了16所南方各州为有色人种学生建立的学校。这些学校组织了协会，《哈奇法案》（*Hatch Acts*）要求联邦政府为维持农业实验站提供新的资助，第二个《莫里尔法案》增加了联邦政府的拨款以用于促进这些学院的正常运作，设立了夏季研究生院，《亚当斯法案》（*Adams Act*）支持农业领域的先进科学研究。最终，纳尔逊对1907年农业拨款议案的修正案使得赠地学院获得了更多的财政支持，修正案同时还允许使用部分联邦资金用以培训农业教师。这是一个显著的进步，华盛顿一定会很乐于看到我们今天所看到的结果。

如果我们想解读这个教育发展的过程，并计划进一步推进它，我们还需要了解一些有关社会组织的基本概念。显然，农业教育不可能是一个独立的教育，其真正持久的力量在于它与普通教育的联系，而普通教育的优势在于学校与普通民众真实生活之间的联系。

虽然关于我们民主制度的各种观点可能很重要，但请允许我把注意力转移到民主社会中那些被称为领袖的人们身上，因为我们现在普遍认识到这样一个事实：民主不仅没有摈弃掉领袖们，反而对积极正面的领导有着最强烈的需求。在这样的社会里，并非是一个人或一个阶层在简单地领导，另一个阶层仅仅只是在跟随。一个民主社会的真正领袖是那种在实际领导过程中能够向其追随者学习的人。同样，真正民主社会中追随这种领袖的人不是那些因为自己不思考而盲目跟从的人，而是那些善于思考并有能力辨别真正领袖的人。他们出于信任而追随。因此，社会组织就是由那些不断学习进步的领袖以及他们的选民构成的。在这一点上，领导人与选民之间的关系是永恒的、本质性的，但在这种永恒的关系中，又存在着各个部分之间持续的相互作用和转化。我们认为正常的状态是那些拥有追随者的人应该不断提升自己的智慧，越来越优秀，并且随时准备承担领导的角色。

这便是我们的教育体系应该培养而且必须继续培养的人。它必须培养出能够教导人们生活之道基本原理的科学专家，也必须为这些专家找到一群明智的支持者，使得他们能够迅速抓住科学专家为改善他们的生活提供的所有机会。因此，我们的公众健康依赖于医学专家和民众之间的合作。医学专家要接受过严格的医学训练，民众要能够根据专家的指导和规范在各方面采取明智的行动。所以，我们的公共建筑也在建筑师和建筑工人之间的合作中慢慢地发展起来了。这些建筑工人了解他们的建筑师，一方面追随他们，一方面又会给他们提出一些建议或意见。同样，我们的农业教育也必须继续下去。我们必须有接受过最高水平培训的农业专家，更为重要的是，在农业教育的顶端必须有科学家所进行的纯粹研究。因为没有任何一种教育可以生生不息永远存在，除非它能够从某种新鲜的和丰富的知识中汲取养分，而那些知识是最新的，是人们从没有接触过和鲜为人知的。每一年或者每个时代的新发现可能是微不足道的，但它们就像星星之火，最终总可以燎原。

我们的教育体系还必须向下延伸到那些小的乡村学校，有些优秀专家的追随者们就是在这些学校接受教育，而未来的一些领导者也将在那里迈出人生的第一步。尽管这些学校中的绝大多数人要靠实用的农业技艺过活，但是他们将有能力接受科学家创造的科学，并将其融入到自己的生活之中。他们会去阅读农业公报，不但能够理解，还会运用所获得的信息。他们也会谨慎行事，他们会去参加各种培训班和会议，带着辨别力去聆听那些博学的学术性论文，而且他们还能发表简短而又切题的意见。他们将会最大限度地发现农场工作中的有趣之处，因为它不仅带来了利润丰厚的产品，而且与伟大的创意世界密切相联。

当我们技能更娴熟的时候，我们会把小学改造得更为全面，把长期以来以书本知识的学习为特色的学校与老的学徒制度最精华的部分结合起来，它们的结合会形成更好的教育。我们已经开始建立了类似这种类型的教育机构，随着时间的推移，它一定会越来越好。

这就是我们所说的理想的农业教育，也可以说是其他类型的教育或者说是任何一种教育的理想状态：从最低到最高构成一套完整连贯的学校系统，在这个系统中，书本知识的学习与实用技能培养紧密结合；所有的实践训练都紧贴普通教育；始终珍视培养学生稳定良好的判断力；高一级学校教师到较低层学校授课，这些教师既拥有真知，又能够向他人传授真知；从纯理论研究部门获得的新知识清流不断涤荡古老的智慧，使它们保持清新明亮的面貌。或者更具体地说，乡村社区中的小学和中学仍然应该是普通教育学校，但会有更多的农场技艺方面的培训以及与这些技艺相关的教学；州立的农业学院要使学生能够更理解所阅读的与农业科学相关的文献，对关乎农业的问题形成独立的判断力，并且能够把新知识与农场的实际工作联系起来；这些州立高校还将为中小学提供训练有素的相关学科的教师。进一步说，这些农学院要成为合作型的教育机构，而不仅仅是特殊的地方性机构，它们将与其他州的类似机构合作，以便一所学校的工作可以获得其他所有学校的支持。它们还要与一些州的大学合作，这将为双方带来无可估量的好处。毫无疑问，联邦农业部将继续开展广泛而有影响力的工作，组织专家调查，发行多种多样的用途广泛的出版物，在一些州推进形形色色的农业教育和研究。教育署将竭尽全力完成它所承担的任务。我敢说随着资源的增多，教育署可能会比现在预期的做得更多，而且所做的一切都不会妨碍其他组织机构的工作。

请允许我再具体介绍一下属于联邦政府的这个教育部门。我觉得作为协调部门，它可以发挥最好的作用。它可以使那些不太受人青睐的学校关注那些先进学校的经验。它可以不时地让人们关注农业教育与普通教育之间的关系。它可以对教育领域进行调查，指出需要规避的危险或需要加强的薄弱部分。它还可以发现那些需要做但目前任何部门都没有去做的事情，并且可以确保那些不足部分得以弥补。这些就是我希望我们的教育署能够为农业教育做的，而且可以保证它将会尽可能地去做。

总而言之，再怎么强调这一观点都不过分，即这种农业教育有助于美国人民的普通教育以及人们生活的改善。参加这所学校50年校庆的在座的各位会意识到，就像这所学校的历史所展示的，不仅仅是那些更健壮的农作物、更优良的家畜品种以及所生产的更能盈利的农业产品，而是通过这些途径以及现代农场的所有让人们感兴趣的东西，你们正在为改善美国公民的生活而努力。希望你们像现在一样继续忠诚地为联邦服务，也祝愿这片土地上的每一项美好的事业都能够健康蓬勃地发展。正是因为你们的付出，使得我们的家园变得更加繁荣、更加美好。

第四讲

宗教教育与世俗教育的若干联系

我曾在1907年7月10日于洛杉矶召开的宗教教育协会大会上宣读本文，后于1907年10月发表在《宗教教育》期刊上。

宗教教育不能永远运用与世俗教育不一致的方法。那些方法可能因为所应用的学科不同而有所差异，但它们不能永远相互对立。一方总会逐渐同化另外一方。在任何时代，同化其他方的那一方在它的时代都是信众更广泛的。

这两者之间的关系必然随着时代的变化而变化。在中世纪，制度化的宗教发挥着广泛的影响，世俗教育，如果可以这样称呼的话，只是偶尔地与宗教教育的方法分离。如今是自然科学控制了人类意见的统一，科学代表了我们现代社会的统一思想，而且现代教育是现代科学的同盟。今天，这种教育已然占据了优势，而且我们可以满怀信心地期待现代教育将宗教教育同化进它的标准和过程中。

拥有科学和世俗特征的教育的发展是现代社会最壮观的景致之一。它是现代文明的集中和统一。这个时代的宗教被无数不同的信仰和政体所分割，也就是说，有不同的宗教派别是正常的和必要的。似乎也有例外，但不会违背这个原则。在这个时代，现代教育超越了党派和宗派，甚至超越了地方、民族和种族的界限，并且形成了一种占主导地位的、全球性的人类的利益。教育是科学与信仰相结合的工具。

我不怀疑这个宗派主义时代会在各个国家的宗教历史上拥有自己的一席之地。如果说这个时期是教会整个发展史中一个特有的过渡阶段，在促使教会得以圆满发展这方面，它的重要性并不比教会发展史上的其他阶段弱。但是，只要宗教还是宗派性的，我们就不能指望它还能重新恢复在教育机构和教育方法上的优势地位。普及教育的重心倾向于普及知识以及普遍认可的思想形式。任何党派或宗派偏倚的观点在公立学校都是没有立足之地的，哪怕它将来某一天会领导世界。分教派的宗教在现代宗教关系中是某些国家教育系统滋生混乱的温床。在那些教育系统中，教派宗教依然占据一席之地，并与传统保持一致。混乱常常是有益的，但不是这种类型的混乱，因为它充满苦涩，而且还经常会导致偏见。这样的混乱无疑会继续，坏处大于好处，直到维持官方宗教教育的传统被抛弃为止。在这样的传统已经消失或者从没有形成的地方，任何系统化的宗教教义的教授都会被排除在公立中小学之外。只要宗教是分教派的，只要宗教教育的方法与世俗教育的方法不同，任何地方的公立中小学都不应该有正规宗教教学的位置。

会有这些限制不再盛行的时代吗？我不是预言家，但是我毫不怀疑这样的时代会到来，但不是在我们这个时代，而是若干代人或若干世纪以后。宗教历史上教派分立的高峰时代看来已经要过去了。这个高峰持续了几个世纪，而且可能还会维持很长时间，但是它的峰值在逐渐回落。人们依然还在强调宗教间的差异，但我们也看到，宗教的一致性也开始受到重视。这是指向某个节点的变化，到那时教派间的差别将完全服从于广泛的宗教主张。差异不会消失，共识也不会仅仅通过消除差异而实现，但是我认为差异会成为次要的东西。而且通过预言家的预言，借助宗教思想的复苏以及一些我们还未知的力量，人类的精神世界对宗教真理会有新的信念，这些信念会比过去更广泛也更深刻。

我们无法否认这一点，因为我们相信宗教和科学代表了人类心灵的需求。只要我们现世的不完美给我们的人生带来多重压力，我们就会发现自己被某种永恒完美的需求所困扰。因此回应这种需要的宗教要么成为我们生活中占据主导地位的兴趣所在，要么成为我们生活的巨大背景。在偶尔发生疾病的情况下，不管这疾病是一般性的还是流行性的，人们在发病期间都可能会完全失去对宗教的感受，但这仅仅是一段时间而已。

像其他事情一样，对于教育和宗教而言，没有哪个时代是最后的和完全的。每一个时代都必须为下一个时代做准备，每个时代都要为整个人类的历史做出贡献。虽然这个时代的状况不是永恒的，但它们对这个时代而言，是永恒的而且是必备的。让我们进一步审视一下当前教育与宗教之间的关系，它们是持续发展进程中的一个阶段，这个进程历经了过去的时代，也必将经历未来的时代，然而对于我们所处的时代而言，它们具有一定的终结性。

就现代教育而言，与其结盟的不但有现代科学，还有民主。即使在君主制的国家，情况也是如此，在它们能够触及的广阔范围内以微妙的方式结合在一起。在美国，教育与民主的联盟是公开的和绝对的。兼具科学与民主的世俗教育找到了它的极致标高，它从道德层面对人类的奉献提出了热忱的要求。民主的教育因为教育的对象是人，因此寻求每个人的善，并由此实现其高尚的社会服务的道德观。科学的教育教育人们去追求真理，充分相信人类的利益和明确的真理最终可以合二为一。在对真理的纯粹奉献中，自然科学是道德，是坚定不移的道德。教育从与科学的结盟中汲取的最好的东西不仅是科学必须教授的方法，还有它的道德高度，它唤醒新的献身真理的力量。忠于真理，无私服务社会，我们的公立教育由此登上其影响力的顶峰。

那么在这个多教派的时代，宗教的特点是什么？哪些特点值得我们关注呢？

随着历史变迁，宗教的某些方面和要素会更为突出。我们不用谈及这个时代宗教的其他方面，只考虑教义、仪式、组织化的机构以及伦理精神就足够了。学过教会史的人都知道这些方面是如何紧密地结合在一起的。在基督教教会的历史上，时而一个方面占上风，时而另一个方面会占据主要地位。这种宗教重心的转移在人类历史中具有深刻的意义。

在当前的宗教思想中，我们可以看到有些东西已经偏离了以往深入人心的教义的和教会的因素。在教会内部，人们对这些因素的兴趣已经不像以往那样浓厚了。我们不能忘记如今很大一部分宗教抱负和情感出现在教堂之外，旧的教条的制度化的形式容纳不了这些内容。宗教并没有采取新的形式，然而这并不是要全盘否定宗教的特点。这是一种泛滥的宗教，大体上也可以被看作泛滥的基督教。

现在，如果没有制度化的形式成功地将这种宗教的外溢统一在一起，它实际上可以找到某些内在的统一，使其成为一种而不是多种互不相干的倾向。并且那种统一的原则是人道主义的，也是符合伦理的。

即使在教会内部，尤其是新教教会，对早期宗教信念中心、教义系统以及教会政体的偏离似乎是为了要明确转向道德信念的中心，但这种道德信念不是按照通常标准只触及实践的道德，这种道德是我们所关心的“公义”。再者，此“公义”是一种被人类的普遍感觉所理解的“公义”。

这种向新的宗教中心转移的迹象已经非常明显了，因为对我们这个时代的许多人来说，宗教不是借由宗教的道德而是通过道德的感受而达成的。不是那些后来成为人们道德信念基础的历史上的权威、奇迹使人们笃信宗教，而是人们通过道德感受和对公义的渴求找到了道德的宇宙。

我们不应该将这种新的宗教生活的中心看成是宗教发展的最终阶段，它不过是以往时代曾经有过的而已。像以往的那些中心一样，它同样存在各种风险和不足。其他的一些中心，也许是过去就已经熟悉的，但是具有了新的形式，力量也增强了，因此当这个时代完成自己使命的时候，它们一定会依次发挥出纠正性的影响力。我认为这个时代一定要充分认识到那些深植于其中的道德观念的全部含义，实现宗教进步，一个从起点看来伟大的、真正的进步。

教育必须忠实于自己适当的特点，而这个特点是为了它所服务的时代。这个时代，教育和宗教最高的交汇点是在道德层面上。教育，通过强调其新的道德理念，可以帮助宗教排除困难前进并克服当今教派分立存在的问题。如果教育和科学、民主真正结合在一起，在当今时代，它可以成为宗教最好的同盟。

好好观察一下这几条战线是如何紧密地汇聚在一起的吧。民主代表着人类的手足之情，宗教把那种手足之情建立在一种最终更紧密的概念基础上。不管是宗教还是科学，都能从中找到纯粹的对真理的忠诚。从历史上看，对真理的宗教感受好像与对真理的科学感受非常不同。它们似乎确实是相互对立的，然而它们在最深处是统一的。

如果这是这些迹象的一个真实诠释，那些同样的道德理念就会成为科学、民主以及宗教中最高的信念。不要指望这种统一有一天会完全实现，在道德信念的高地上，在与民主和科学走向一致的过程中，我们可能没有发现不同的宗教最终走向了统一。我确信这不会是全部，但我觉得这可能是宗教和教育在这个时代以及后续时代共同存在的方式之一。

当下，我们也许满足于看到很多人通过自己的道德抱负努力走向了真正的信仰，同时我们也依然坚持最终的信条，即我们对道德生命的深刻信念只有与希望、爱和信仰相结合，接触到某种更大、更持久的生命，我们的道德生命才能达到最佳状态。

现代教育的这些关系还需要进一步拓宽。与自然科学过于深入的联合还是需要避免的，与现代艺术的联合还需要开发。在更早的某个时期，教育深受与艺术联系过于紧密之苦，特别是与文学艺术的联系。现在人们期望的是教育与艺术的新关系。

同样，艺术也有着根深蒂固的道德的含意。人们很难把艺术与生活的其他部分完全隔离开来。艺术与科学和宗教会在道德层面上相遇，而且在某种程度上它可以调和两者之间的差别。它既承认价值，也承认事实，它推崇本能以及人类情绪的群体性作用，也重视分析几何定律。

当现代教育与自然科学、民主和艺术充分联合在一起的时候，我们相信它与宗教更新的、更安全的、更富有成果的联盟就近在咫尺了。

第五讲

公义文化

本文为我于1909年7月15在范德堡大学的演讲，后发表于1909年9月的《卫理公会评论》。

今天，我要谈及的话题既可以是这个世界上最枯燥的，也可以是最有趣的，这是由听众的视角来决定的。被指定说教的道德话题是极为平庸乏味的，这是众所周知的事实，而且这个事实有时会使我们无法去鉴别其他事实。也就是说，除了对错的问题，如今没有什么系列问题能让人们用极大的热情去谈论。在社交圈、俱乐部、公众期刊上以及法庭、学校和教堂里，当讨论触及一些错误和正义的问题时，人们的思想和情绪就会从深处被激发出来。

这样的问题中有本质性的东西，它们是具有力量和影响力的。一位古代的作家谈到蒙福的人之喜乐存于耶和华的律法[①]时，又补充道“在神的律法中，他昼夜之间调和”。这是一个人与熟悉的高尚和道德主题对话时汲取力量的完美写照。另一个智者说道，“如果你……侧耳听智慧……那么你就明白该敬畏耶和华……你也必明白公义、审判和公平”。

所以尽管冒着离题、老生常谈以及说教的风险，我今晚还是准备直接谈论道德，谈论私义与公义的主题。当我们面对大学生的时候，这个主题尤其具有吸引力，因为一个人从大学课程中获得的最好收获是提高解决问题的能力，这些问题在很大程度上都是伦理领域的问题。大学毕业生通常是公共利益的受益人，因此

① 耶和华，是《圣经》里记载的造物主。耶和华的律法即上帝的律法，主要包括道德律和礼仪律两方面。道德律管内心，让人看到上帝圣洁的标准并遵循这些标准；礼仪律管人的行为，服从上帝的命令，规范自己的行为。耶稣把全部的律法归为两点：爱神和爱人如己。只要符合这两条总纲，也就符合了神的律法。——译者注

也是所在社区、州及国家的重要责任人，人们希望他们在推进公共道德方面做出贡献。

然而，这样一个大题目显然在一个小时的时间里是无法进行系统或全面讨论的。如果演讲的人想要尝试这样做，我敢保证大家从一开始就会厌烦。他可以信马由缰，他也可能东拉西扯，没有什么理性和逻辑，当他谈完这些问题的时候，可能演讲就要结束了。有些听众喜欢聆听长达几个小时的讨论，他们希望演讲有逻辑清晰的标题和副标题，有各种修辞手法的开头和结尾，我对这样勇敢的听众充满敬意，但我请求你们允许我用比较简单的方式来讨论今天的话题。

首先，让我们把道德生活看成是不断变得更好的过程。从这一点看，我们可能确实离真正道德的本质属性不远。人无法达到至善，除非做到比他的本性更好，但是显然难以做到，因为任何一种优异品质一旦形成，很快就会成为习惯，人能够继续做到至善的唯一途径就是继续超越他已经拥有的美德。人类社会最令人绝望的特性之一就是“没有变化的好人”，他的优点被锻造成完成的状态，就像一尊大理石塑像一样，哪怕被置于血泊中，它也永远不会抵抗。说社会和人一样，一个“道德高尚毫无过错”的社会处于静止不变的自满中，终究是不道德的。在奋力追求进步的社会秩序中，才更有希望获得真正的公义。而为了得到更大的道德，收获它可能要冒着巨大的丧失道德的风险。这样的社会有希望，因为其美德不是保存在温室之中，而是展现出来，经受考验，然后为了获得更好的东西而扬弃它。

我们应该考虑道德的两个方面，即智慧的一面和陪伴的一面。真正的道德是一种观念，特别是当我们处于强烈信念的压力下或者是从外而来的情感诉求的压力下的时候，这一事实尤其不能忘记。道德的一半是智慧，因此具备智慧是每个人的义务。我一直在读《教育敕语》[①]，这是日本中小学道德教育的基础，我很受触动的是在那些所规定的美德标准中，还有这样的箴言，如“孝于父母，友于兄妹”“恭俭持己”“修学习业以启发智能，成就德器”。我们美国的标准在很多方面与日本的不同，而且也必须和日本的有所差异，但是我们也需要像日本一样将追求知识作为道德的义务和责任。如果公义不根植在我们最统一连贯的思想以及情感中的话，它将是低级的不稳定的价值，它也无法满足我们时代的需要。

我们的道德生活中有两种压力袭来的方式。一种是突然的未预见到的考验，没有任何警示的难题，而且要马上解决。另一种是逆境导致的长期持续的压力，它消磨着人们的耐心，使人们的情绪紧张到极点。在这两种情境中，思考的定力是极为需要的。在这两种情况下，我们的思维在很大程度上取决于我们在这种需要发生之前的思考。我们不能在事件突发的时候才去训练自己的思维，这种训练必须发生在事情发生之前。紧急时刻就是试金石，是思维质量的期末考试。从这点来看，我们中小学和大学里对学生的培养就非常值得自豪。它总是在为未来的某些紧急时刻做着准备，它培养学生在将要被激情冲昏头脑的某些危机时刻运用判断的能力。

我曾经在其他场合谈及公正精神与科学精神紧密相联的情形。在学校里培养科学精神实际是培养在日常事务中运用公正精神。

①《教育敕语》是日本于1890年10月颁布的关于国民精神和各级学校教育的诏书，内容贯穿克忠克孝、仁爱信义、皇权一系、恭俭律己、维护国体等封建道德，1948年被废止。——译者注

在生活中，有时我们必须使自己摆脱已见，客观公正地看待事物。我们永远也不会从主观存在中获得最高的善，除非我们公平地对待客观存在。法官和科学家不会因为个人喜好而转变观点。他们追求的是经得起时间和环境的考验，是能满足这个世界需求的真理，而不是突发奇想。所以，我们的教育要把人们从欲望、癖好和偏爱中解放出来，从偏见和盲目中解脱出来，在我们心里培养起公正的精神，使我们在生活中遇到急迫性问题时知道什么才是最重要的。

但是，如果这样的智慧构成了我们道德生活的一半，主观的存在就构成了另一半，更为温暖和更使人愉悦的一半。做人的义务之一是要做到聪明智慧，而另一个义务是要与人为友。有人曾经说过："人要是太出色，就会孤独。"这句话如果这样说可能会更合适："如果你不克服孤独，你就会半途而废。"我们公德和私德的理想不是那些孤立的道德家的理想，我们道德的理想是人们与他的同伴热情相携，一起奔赴共同的事业。

在这一点上，准确地说出正确的事并且要说得恰到好处很不容易。一个人该如何与其同伴步调一致并且引领他们追求更好的事物呢？除非他是他们生活中的一部分，同属于一个党派、一个教派，是爱恨一致的同伴，有相同的抱负，否则他该如何引领他们呢？这似乎是个无解的难题，我们的道德领袖们一直在努力解决定一难题。托马斯·麦考利（Thomas Macaulay）在谈到彼得大帝时说，他开化了他的百姓，但自己还未开化。而当今的道德领袖则将作为民众中的一员领导民众。

也许会有人告诉你说，如果你比其他人好得太多，你就不能领导他们进一步改善，如果你要将他们引向美德，你就必须具有他们的一些恶习。这种信条很容易走向极端，即未来的领导者的理想高度不能和他要领导的民众区分开来。如果他的理想只在一步之遥以外，那么领导者就可能会落在其追随者的水平之下，而且会成为他们前进的障碍。在特殊的情况下很难做出决定，然而或许正是这些特殊的案例才有价值。为了能够帮助他的同伴们更有道德，一个人就应该道德欠缺一些，这样的观点我无法认同。但是从折中的角度看，其中蕴含的真理是领导者的友好交往构成了他道德生活的大部分。在正常的社会条件下，一个严厉的独立主义者不仅因为其独立而丧失很大一部分影响力，他自己也会丧失自己道德生活的大部分，不仅在比较低的道德层面上，在高级层面上也是如此。一个人维系的同伴是他本身的一大部分。

因此，我之前所说的结论就是只有在公义均衡发展之处才能找到最好的道德生活。还有另外的方式来考察道德的圆融和平衡，关于这一点还有些需要谈的。如果我们再一次从个人和社会的角度考虑，我们应该培养哪些特殊的美德？实施怎样的特殊改革？

男人要有仁慈之心，要与赌博和亵渎神灵的行为作斗争。女人要在所有的社会交往中传递朴实的真理。一个社区要开展反对酗酒或市政腐败的活动。

显然，这些专门性的任务扭曲了我们道德世界的视角。领导某项运动的人不但会使自己成为那些不在同一战壕的人的眼中刺，因为他不可避免地会夸大他所献身的公义的那一方面，结果使得人们更难理解公义的主要意义和真正价值；而且他美化改革，由此贬低某些比改革更好的事情，如从根本上去进行道德建设。90%的情况下，他都会把重点放在否定上，因此把那个通用到麻木的词——“不要”散布得更广。对这样的事情，我们该说些什么呢？

第一个需要说的事情是，为了在生活中不出现错误，那些专门性的改革是不可避免而且是不可或缺的。虽然它们有自身的缺点，但仍然不失为人类道德觉醒的主要依靠。人类的本性没有强大到可以马上做所有的事情，他肯定会时不时地专注到片面的任务中，或者把精力分散到各种薄弱的以及均衡的低效率的可能性上。比这个好上千倍的是那些活动集中的节点，人们看到时代的紧迫需要并且与敌人马上进行战斗。

讲了这么多，我们还是回到与改革运动如影随形的罪恶，不管是在个人精神领域还是社会领域，我们可以看到做什么来对付那些罪恶。那些罪恶是伴随美德的罪恶。没有人能做到把自己全部的精力投入到经过选择的、喜好的美德中。中意的美德带来的是中意的罪恶。其中的一个恶可能是自以为是，另一个就是不宽容，还有一个是恶的奇特形式，将被夸大的美德弄成其他美德的替代品，如那些人们非常需要但被忽视的美德，一个大的善里掩盖着众多恶。

盗窃团伙的成员自豪于对团伙的忠诚，抢劫富人的劫匪将财物慷慨给予穷人。一群坚持真理的年轻人在看待酗酒、赌博以及社会黑暗时表现得心安理得。甚至是具有最纯洁美德的女性，有时也缺乏公平对待人的胸襟。

常见的恶与人们喜欢的善并行。当环境需要时，这个事实不应阻止我们培养美德，但是我们要加倍警惕。如果需要的话，让我们对那些明显的错误开战，但是这也可以被看成是应急的措施。我们的要务是在各个方面自始至终地正当地生活。伟大的改革有其必要的工作，但是，改革完成得越快越好。为了让那些重获新生的个体能够踏入正常成长之途，改革也可以被搁置一边。这个正常的过程是智慧与容忍他人相融的过程，它使人们进入持续不断改善的理想境界。

我们在这里主要关心的是公义的文化，它维持着并肯定普遍的人生观，即期望持续的道德改进。这是智者们每日思考的主题，也是学校培养下一代时应该思考的主题，还是每个行业、每个机构以及每个社团应该考虑的主题。让我们经常思考一下这些问题，并去寻找更好的途径。

但是，我敢肯定你们中的很多人缺乏这方面的思考。它与美德和罪恶有关，好像这些善与恶聚集在一起就构成了我们的道德生命。我们必须关注动机、信仰和希望，关注充满活力的精神，它能带给每个人道德力量。换句话说，你们寻求道德宗教层面的某些认同，坚信被遗漏的东西是真正本质性的东西。这种观点对我非常有吸引力，事实上也和我的想法一致，我很不愿意放过讨论这个问题的机会，尽管讨论这个问题时有很多困难。

任何试图通过培养几种美德来培养公义的做法只能给予我们缺乏连贯性的机械的道德。道德生活要想达到最高效率，其道德主体必须拥有最大的智慧，获得最多的追随者。只有这样才能达到真正的一致和富有生命力。

我们稍微了解一下基督教的某些概念，就可以看到宗教给道德赋予了多少生命力和内在的一致性。我们说到公义，基督教中有句话是这样的，即“所以你们要和你们的天父完全一样”，其中，所有人类的优点都被投入这样的比较中，它看起来是黑的，就像蜡烛的火焰映照着太阳的光芒一样。尽管所有人类价值均遭到这样的贬低，但人类心灵的价值却被提升到很高的高度。但这些概念被合理地理解和使用的时候，它们的提升几乎是不可想象的。它们充满活力的可能性超出了所有可计算的范围。在这种观念发挥作用的世界中，作为人们心中的积极信念，如果承认这些信念至高无上的地位，我们就不会怀疑生命中最大的道德提升是可以实现的。

然而，正是这些概念的崇高使得并非每个人都能正确理解其全部意义。让人们吸收理解它的全部是一代接一代人类所进行的工作。每个时代、每个社会、每个人，可能只解释了它的某些部分。即便是这样，也是一项伟大的成就。但是当我们处理当前社会中的道德问题时，我们是不能忽视对这些概念的部分解读带来的问题的。不管是个人、教会还是民族，只要是通过宗教生活这条星光之道走进道德生活的，都会面临和其他人同样的需求，即培养道德情操、道德洞见以及公义的践行等方面的日常改善。

人的宗教也许确实会成为伴有恶的优选的美德。我曾经听说过一个非常有影响力的商人给予了教会大量的支持，而且非常热衷于教会的活动。有朋友建议他加入教会，他要来他所在社区的教会人员名单，迅速扫了一眼，随后很厌恶地把它扔掉了。

“你们觉得我会和这样一群——（删除处）”，他没有说出括号中删除处的词，这句话可能是这样的——“你们觉得我会和这样一群赖账的人一起去吗？他们欠账不还。”现在，假设这句话除了不礼貌之外完全符合实情，那么它的意义是什么？我觉得这句话表现出这个商人把偿还欠账当作美德，并且用它作为自己不加入教会的借口，同时他提到的那些教会成员也把信教作为美德，并把它作为自己疏忽商业义务的借口。

也许更常见的情况是，某些宗教的信徒的特殊嗜好是自鸣得意、自以为是。就是这种情况导致了耶稣与文士和法利赛人的激烈辩论[①]。我们很难估计这种过失在各个时代对道德和宗教造成

① 耶稣与文士和法利赛人的辩论出现在《马太福音》第23章，耶稣谴责他们心口不一的伪善行为。——译者注

了多大的伤害。清晰的思想，一次又一次地失去了它在人们中间的合法影响力，因为它和这种难以相处的恶在一起，这个所有良好团契的敌人，不容忍那些遵循其他方式的人。

还有其他的方式，可能是基督教[①]的方式，虽然没有明显地冠以基督的名字，但是很深奥。基督教的两极是上帝的父权和人类的兄弟情谊。神学时代有意识地强调父权的教义，人道主义时代把重点放在了兄弟情谊上，在涉及“我们的父”这样的语言的时候，人们往往是犹豫的和沉默的。这种保留可能不是不信宗教，而是只有这个方式才最能保证我们接近真正的宗教体验。

然而，就像以往其他时代一样，有条理地解读基督教并且和之前的解释保持连贯的责任落在了这个时代的教会身上。宗教教育与世俗学校的必要分离将这个巨大的任务以及它的价值和荣耀留给了教会。我相信教会会稳妥地承担好这个任务，甚至面对比这个时代能预见到的更大的问题时也是如此。

但是，正是这种职责的分离使得另一个伟大而高尚的道德责任落在世俗教育的身上。我已经谈过客观的非人格的价值，它出现在塑造人的品格的一个必要阶段——法律和科学的非人格化，而这种人格并不尊重人。这些东西最终并不是非人的，因为它们帮助我们更加纯粹和真实地理解人类的关系，但习得它们的途径是首先摆脱人的偏见、激情和偏好，抛弃所有的期望和恐惧，并引导人们公正地承认客观实在。现在，如果我说除宗教制裁外的道德教育在我们的生活计划中占有一席之地，即类似于非人格化

① 基督教是信仰耶稣基督为神（耶和华）之圣子与救世主（弥赛亚）的宗教，公元一世纪发源于巴勒斯坦地区，以《圣经》为最高宗教经典，以耶稣基督为中心，核心思想是福音，信徒称为基督徒。基督教与伊斯兰教、佛教共为世界三大宗教，分为天主教、东正教、新教等三大派系。——译者注

的客观管教，我认为我不会被质疑。人际关系不是客观非人格化的。因此，在阐释那些纯粹的伦理观念的时候，那些极有尊严和非常重要的部分要表现出来，不能和任何超自然的奖赏和惩罚的思想混合在一起，这些部分对古代异教世界中的智者来说也是难以理解的事物，对这个时代的作家来说是人类思维能够处理的最高深的题目。

我不是说这样就足以满足所有人的需要。人类需要好消息，这种需要在这个时代和以往的时代一样。研究道德知识以及进行简单的道德生活训练不仅对学生有价值，甚至对宗教本身也是有价值的。它把宗教的教义最终带到了只是简单感知对错差异的判断面前，而这种感知的能力是“造物主”早就注入到人类的精神中的，并且在人类历史发展中不断地培养和发展它。宗教所具有的最强的感染力就是对这种人类道德感差异的吸引力，并且通过科学、文学和历史的研究，通过在学校的实施来培养这种感觉，是我们的普通教育不得不提供的最高尚的服务。这是对宗教、法律和共同交流的服务，也是对我们现代生活中所有其他兴趣爱好的服务。

这是你们的毕业典礼，毕业班的同学们。你们要获得文学或其他专业的学士学位。你们从这个大学出发，以后将更直接地参与到世界的各种事务之中，这些事务在对错问题上将具有很大的难度和意义。身处游泳池的孩子们，特别是在天冷的时候是不会对他们岸上的伙伴说“下来吧，水好着呢！”的。所以我们这些离开学校参与社会多年的人现在召唤你们这些年轻人，“来吧，这个20世纪很好！”科学和发明使重新调整成为日常所需，富裕的生活使得人们越来越难以恪守以往的道德标准。极大的危险是我们收入比以往高，却过着更为贫穷的生活。现在人类已经开始拥挤了，上一代人比现在少。我们感到需要与我们所有的同胞分享生活中更多美好的东西。信仰在变化，即使在我们紧紧保持它们的时候，我们也会发现它们离我们而去，只留下了它们的外衣和影子，而且我们看不清什么可以替代它们。来吧！这是一个充满了真正困难的世界，值得我们在这里生活，并承担自己的那份责任。

信仰、希望和爱，它们与我们同在；正义、真理和公义的法则，它们像以往一样沉重。虽然他们的形式界定得不是那么明确，但它们依然是各种场面的主宰。自由和法律依然在相互角逐，它们争斗的汗水一次又一次地被人类的鲜血染红。然而它们是彼此的爱人，而且他们的争斗都是为了人类的利益。来吧，年轻人，尽自己的一份力量吧。让你的头脑尽可能智慧，在不失去智慧的基础上尽可能友善。

还有你们，年轻的姑娘们，你们要离开这所学校，你们会发现有很多美国大学的前辈们在等着你们，她们在各方面表现得很好。因此，大量的工作、更重的责任、更多的劳动喜悦在等着你们。来吧，年轻的毕业生们，踏入一个新的学习阶段吧，这是终身研习公义的阶段。

第六讲

国际仲裁运动中的公立学校

本文是我于1907年5月23日在莫洪克湖（天湖）国际仲裁会议第十三次年会前的讲话，发表在年会的报告里。

作为开场白，我想冒昧地把我任职教育署长的第一个年度报告中涉及这个主题的建议重复一遍。报告中的内容如下：

我要提出的第二个建议涉及这样的事实，即我们的公立教育已经进入了其发展的国际化阶段，这个事实越来越显著。在海牙召开的第二次国际和平会议的举措已经使公众关注旨在和平调整国际关系的多边现代运动。各国政府在努力维持体面和平的过程中要求强化公众的情绪，这是极为重要的，因为这样的公众情绪会不断要求引向公义的和平，而且只有这种和平才能引向公义。要求这种和平的公众情绪只有建立在对其他国家欣赏和理解的基础之上才能稳定。世界各地的教育在这方面都有很多工作要做，以帮助各国了解彼此。无论学校为了这个伟大的目标做了什么，都可以算作是真正的教育。事实上，与了解其他民族相比，还有哪种形式的学习能够更自由、更深广、更使人振奋呢？

时下正有一个令人瞩目的运动，美国的中小学每年5月18日举行纪念第一次海牙会议的活动。这样的庆祝活动看来是非常可取的，通过这样的活动在中小学中强调现代民族之间的重要关系。因此，我建议只要和州及地方的条件一致，每年的5月18日可以定为中小学的一个特殊庆典日。在这个周年庆祝日里，在贯穿全年的学校教育中，非常值得去努力促使学生理解我们的国家以及与我们一起共同建设世界文明的其他国家。这需要在小学更全面地开设地理和历史课程，因为孩子们在小学时便可以形成我们与其他国家和民族关系的最初观念。我们也需要在中学和大学教授更好的现代外语和文学。在商业和技术学校，和我们国家与外国关系有关的所有学科都需要更全面和准确地教授。

虽然没有人会把学年中某一天的特殊庆典活动置于至高无上的地位，但是即使每年强调，这个主题也不是没有价值的。我更倾向于认为这样做可能具有一定的意义。我曾经计划提出这个建议，而且在这个计划被人想出来之前，我就已经草拟了第一稿。当发现针对此目的的运动已经开始时，我很高兴有机会能为这一运动助力。

然而，显而易见的是，发生在一年中某一天的庆祝活动只是从我们的思想中掠过。当那一天过去后，这种活动无法在学生的头脑中留下深刻印记。我也不认为我们有权利把学年中的某一天用于与普通教育无关的目的。这不是为了宣传一项改革，认为这一天有权在我们的校历中获得特殊的地位，而是考虑到普通教育中被忽视的因素。

不接触同龄人的孩子会错过实用教育的最佳机会。同样，一个对其他民族一无所知的民族也会失掉将其他文明引入自己民族的机会。我们学校应该不断强调的正是这种自由教育的因素，不仅是一年中的某一天，而是要贯穿整年。对其他民族的欣赏将有助于我们引入他们文明中的优秀成分。

但毕竟这只是学校为促进国际仲裁所做的一小部分工作。从长远来看，学校所能做的最好的事情就是培养真正的仲裁精神，培养学生仲裁分歧的思维模式。我们考虑一下处理差异的三种方法，看一看学校会以什么方式推进仲裁的思想。解决分歧的最原始的方式是诉诸武力。这是本能的不受控制的手段，但是信仰也有这方面的内容，认为力量和正义之神会为正义的事业增添力量。每个斗士都确信自己是正义的一方，抱着赢得一切的希望。第二种办法是妥协。妥协表明双方更倾向于维持和平，或者，至少每个竞争对手都持有他所争取的一部分，加上可以摆脱纷争，这要比没有把握的对抗要好得多。毫无疑问，妥协在人与人之间的日常交往中发挥着重要的作用，实际上其作用比我们通常意识到的要大得多。但总的来说，与直接对抗态度相比，它是一种比较弱的态度。当“活着就是崇高”的时候，就必然是“妥协”占据重要地位。一个妥协占据主导地位的时代，一个以妥协精神为特征的时代，不是一个“让时间说话的时代”。

第三种解决争端的方法是一种难以界定的方法，是仲裁最终代表和强化的方法，即找到更高的双方共同认可的立场。在每一次争论中，我们都可以发现在每一个冲突中都有一些正义存在。战争粉碎了一方的主张，把好的坏的统统否定，同时把胜利赋予其主张也是好坏并存的另一方。妥协的方法是走向和平的过程，即使这样，双方主张中的很多好的方面还是会被牺牲掉。仲裁的方法似乎只是通过第三方机构妥协的方法，但实质上不止于此。因为每一次妥善处理的国际仲裁都有助于确立一个更高的国际义务以及世界关系的概念，因此，它的作用就是使争议双方共同进入更高更稳定的境地。我认为这种观点已经得到了现代历史中诸多例子的充分证明。但是这里不是讨论这些问题的时候。

当前的问题是公立学校与仲裁程序背后的思维类型的关系。这似乎很清楚，因为这正是现代教育最有特色的思维类型。这是中小学每个年级都应该培养的思维类型，以便人们能够正确理解自由文化。只有在全国各地推广这种文化，培养这种思维模式，我们的公立学校才能为仲裁原则奠定最坚实的基础。

这个运动的口号可以作为现代教育的口号，而且我们可以用这句话来表达：让我们寻找更好的方法，它所代表的精神与现代科学的精神是一致的，这种科学无疑是现代教育方法的主导力量。对于科学而言，它所坚持的学说并不是作为最终成就的记录，也不是为战役结束竖起的旗帜，而是作为攀登上升的阶梯。它期望远方更好的东西，希望超越现有的知识和信仰；在这种期待中，能够把明智的反对意见看成是某种象征，找到能够解决当前分歧的更高原则。即使在小学，通过一些潜移默化的形式，这种精神也会逐渐形成。我们希望这成为我们中小学教学的普遍特征，当教学中的这种特征极为鲜明的时候，仲裁的原则就会根植在全民的意识之中。

这里还有两个需要注意的地方。仲裁运动的成功在于对人类意见的尊重。在整个民族愤怒的火焰高涨的时候，任何一个民族都不会欢迎来自对手的建议，尽管这个建议可能有双方都希望达到的更好的目的。但是，如果我们的人民从青少年时期就开始接受仲裁教育，认识到每一个意见分歧都可能存在一些更高的、更好的共识基础，人们就会去呼吁一个公正的世界，并且尊重外界提出的更好地实现和平的建议。这时不断提高的对其他国家的理解力可能会引导人们寻求更好办法的教育。不仅仅是学校里学得的外国知识会让我们在冲突状态下更好地考虑反对者的主张，而是它让我们更欣赏文明世界的裁决。

其次，如果人们认同人类法则的一些基本原则，对公正裁决的诉求将会强化他们的观念。除此之外，我们也希望学校能开设与法律权利的基本原则相关的课程。这里不是我们进一步扩展这个话题的地方，我们的讨论应该符合我们主要的论题，但是讨论权利和正义的基本原则并不离题。一个受过教育、尊重原则的民族在遇到争议的时候会接受这样的观点，即争议的任何一方都不是公正的裁判，是非曲直应该由有能力的法庭来进行裁决，该法庭不应在有争议的问题上有任何个人偏好。

简而言之，这篇文章的论点如下：只有从教育的普遍目的出发，我们的学校才能为国际仲裁运动做出贡献。我们今天呼吁的积极改善教育的方法必然会加强仲裁运动。这些方法都会促进人们对其他国家的赞赏。在学校中推广这样的思维：无论多么笃信某种信念，也要随时超越偏颇的信念，将视野放大。学校教育作为我们道德教育的一部分，要教授法律正义的一些基本原则，这将使人民能够自觉地适应法治。这就是说，我们的教育应该更科学，更人性化，学校要全方位地教育学生去寻找更好的办法。

不妨指出，我们不能指望教育专门为某些特定原因的仲裁做准备。当国际性摩擦出现并且有战争威胁的时候，教育工作也会受影响。不仅是法律，教师可能也会在武装冲突保持沉默。我们的希望是教育在危机发生之前就能够发挥作用，这将使人们在发生冲突时第一时间想到使用某种国际裁决。教育在消除国家冲突方面几乎无能为力，但是在问题刚出现还悬而未决的时候，教育能够做很多事情，从而使各个国家摆脱无法控制的局面。学校应该为今后十年或下一代人的危机做好准备，这个工作本身具有非凡的意义。这样做可以让人们了解和熟悉整个民族以及其他民族，熟悉一种思维模式和习惯，熟悉对公正和正义概念的道德奉献，这些将使人们理解仲裁提倡者的观点。

第七讲

各国教育学会间的合作

本文为我于1908年在俄亥俄州克利夫兰召开的全美教育委员会会议上的讲话，分别发表在1908年《全美教育协会会议论文集》和1908年8月6号的《独立报》上。

一年前，我向委员会提出的建议是应该采取措施让全美教育学会与其他类似机构建立起更为紧密的合作关系，提出这个建议是基于这样的信念，即全世界的教育工作是同一种工作，是各文明国家的教师共同拥有的事业。这个信念有坚实的基础。许多国家的立法机构已经找到了足够多的共同利益，建立起了各国议会联盟，这个国际机构已经深深影响了近代历史的进程。然而，议会是积极的民族主义的中心。我们甚至可以预料到，在不同国家的学校中找到比立法机构中更多的统一的元素。毫无疑问，现在的情况就是如此。

人们从不同程度上认识世界上大学之间的关系已经有七八个世纪之久了。早期民众学校的发展与现代民族主义的崛起息息相关。由此产生的层次较高的学校强调统一，而层次较低的学校重视差别。在社会阶级之间的区别已经消除或正在消失的社会里，这样严格分离的做法是无法维持的。对那些对某些邻国有传统敌意的国家来说，其整个历史充满了古老争斗的记忆，它们在这方面处于不利地位。只要阶级差异在社会中持续存在，较低阶层的人往往会更多地接受憎恨其他人的教育，而较高阶层的人则要学习去了解其他族群。

但是，在现代世界，这种状况如果不进行修正，就几乎不能继续下去。多数人喜欢了解少数人所知道的东西。科学精神禁止我们在学校低年级教授从高年级角度看来不真实的东西。现在出现了新人文主义，这种学说肯定在向国外传播。这种新人文主义认为，认识和理解活着的人，无论是个体还是民族，都是完整的教育的重要组成部分。我们时代所有社会的以及国际上的斗争都沾染上了这种新人文主义的色彩，它也影响了我们的教育。我曾经有机会谈到这种影响的一个表现，就像我们小学水池里的一根稻草，我们可以在很受欢迎的安德鲁斯小姐编写的儿童书籍《七个小姐妹》[①]中看到这一点。对于更多有同样趋势的自命不凡的标志，你们不会有太多的追求。

我们已然生活在一个人们试图相互理解的世界里。人们试图去了解他们的邻居，这是民主中比较好的一部分。人们试图了解其他民族和国家，这是新的世界政治的基础。我们之所以希望了解世界的其他地方，是因为我们的差异出自于一个一致的背景，这是一个最终统一的基础。这些差异生动而有趣，有时它们会吸引整个领域的关注。没有国家的特殊性，甚至是对立，世界的统一将是件可怜的事情，是一个枯燥无味的统一体。但是，我们绝不能忘记这些差异毕竟是从这个根本的统一性中获得了生命和价值。现在，人们能够关注所有人类族群的共同命运，而不被怀疑背叛自己政府的时代已经来临。在我们这片土地上，这是千真万确的。正如斯泰德（Stead）所说的，“美国是世界上一个伟大的国际性国家”。

弗吉尼亚大学的潘恩（Bruce Ryburn Payne）教授几年前对文化领先国家的公立小学课程进行了比较研究，他发现，代表性城市的学校在教学科目和不同学科相应的教学时间安排上几乎一

①《七个小姐妹》是美国儿童作家简·安德鲁斯（Jane Andrews）发表于1876年的小说。原书的题目是《住在空中圆球上的七个小姐妹》（*The Seven Little Sisters: Who Live on the Round Ball That Floats in the Air*），通过讲述生活在地球上七大洲的七个小女孩和她们家人的故事，让儿童了解世界上的不同民族。——译者注

致。除了将宗教教义纳入或排除在学校教育外的不同之外，它们最重要的差异体现在所采用和学习的语言以及国家历史和文学教学中的内容。在这里，可以很容易地对学校教学的形式及教学材料选择的原则进行比较。他的研究确实显示出了惊人的一致，因此潘恩教授做出了如下评价：

令人担忧的是，教育理论家们有时候通过夸大设想目标的不一致，给自己不去对这些课程进行比较研究找托词。这些图表……表明在几个国家的小学中课程间的差异非常微小，使得人们怀疑要么是教育目标决定不了研究的内容，要么是这几个国家的教育目标没有设想的差别那么大。①

他还评论道：

任何人都会注意到这样的事实，即在这4个被研究的教育系统中，主导小学课程教材内容选择和安排的一般原则实际上是相同的。②

毫无疑问，国家间的差异在决定较低层次学校教学方面一定要比大学教学更有影响力。我认为，在一定程度上这种差异必须被视为永久性的。在这些学校里，强烈的民族主义甚至某些健康的地方主义应该受到珍视。但是在现在这个时代，同样重要的是

① Payne, Bruce Ryburn. Public elementary school curricula. Silver, Burdett and Company [1905], p.15—16.

② Idem, p. 182. The four educational systems studied were those of the United States, England, Germany and France.

低层次学校保持与大学教学的连续性，而且要忠诚于所有文明国家共同持有的价值。

我希望全国教育学会能够采取措施，进一步推进各国间的相互理解。让我们派使者去和其他文明土地上的类似机构讨论协商，就像我们经常欢迎外国教师来到我们的年度聚会上一样。让我们在制定文化和教育领域的世界标准中贡献一份力量。我相信这样的工作将会带来和平。如果这样的话，就意味着是通过提升现代教育中最好的一种趋势——人文趋势来达到这个目的。这可以概括为：让我们看看我们是否能相互理解。

第八讲

我们是教育领域有创造力的民族吗?

本文是我于1907年6月10日在美国大学优等生协会瓦萨学院分会上的讲话，发表于1907年8月9号的《科学》上。

我想，每一项发明都是由个体和社会因素组成的，并以不同于其他发明的方式将它们结合起来的。一般来说，在文学评论和美学评论的部门里，没有哪个部门比试图探索一个艺术作品中种族和个体的相应贡献的部门更有趣了。这在最近关于民间史诗和艺术史诗之间区别的讨论中得到了很好的证明，例如，《伊利亚特》和《失乐园》之间的特征差异。[①]举一个例子来说，无论他的名字如何，有些荷马式人物赋予诗的最终形式一定是在他的民族的传统中经过很多代才形成的。在另一种情况下，如果我们可以把诗与当时写诗的材料区分开来，诗人的工作就会显得很突出，同时他背后的民众的付出可能就被他的名声所掩盖了。然而，当我们分析弥尔顿的作品时，尽管完全是一种无所畏惧和独立人格的表现，我们仍会发现作品与他所处时代的文学传统息息相关。

机械发明的历史也是一样。我们最近看到正在进行的关于有轨电车起源的讨论，这个发明的前身通常被认为是1888年在弗吉尼亚州首府里士满运营的电气化铁路。但是这个发明看起来有一个先行者，那个先行者还有一个原型，而且那个成功的美国发明家被认为是位于人类金字塔顶层的人物，没有人知道在这个特殊的领域有多少实验者构成了这个金字塔。专利局难以将每项新发明与其前期的专利发明区分开来。但是，当我们抛开一系列正式的专利去关注那些积累交融在一起的动机和想法的时候，我们

① 引自波莱德利教授发表在《加利福尼亚大学纪事》1906年6月号上的文章。——作者注

对那种交织得如同乱麻的状况也无能为力。我们只能看到个人的发明创造不可避免地融入到整个民族的运动中，而这种复杂性正是我们乐于思考的。

现在，所有发明的这种社会性特点都以一种特别重要的方式体现在原创性的教育工作中。从某种意义上说，教育不仅源自民众，反过来也造就了民众。在教育中过分强调个性，我们就无法做到一脉相承，教育带给我们的将不再是创造我们种族的精神生活，而是孤立和无能。

我们不能急于补充说从事物的本质上看，缺乏个性通常更危险，但是还是让我们回到我们的例子上。首先，我们可以从幼儿园说起。整个学校历史上几乎没有什么比较独特的引人注目的发明。幼儿园是一个完全自觉的和现代的发明，其中突显了发明人的创新意识，而这正是此发明的弱点。直到今天它还没有被同化。在我们的教育音乐会中，它的声音是婉转甜美的，但拒绝与其他合唱团的声音混合在一起。对这种缺乏一致的情况可能会有不同的解释，这可能是独特的音符总是与可以普及的东西存在差异，也可能是幼儿园只是走在了时代的前列，它会使其余的教育进行调整以适应它的发展。很显然，这两种解释都有正确的地方。幼儿园和其他一些为了类似目的而努力的力量已经使我们的小学教育在信念和实践的道路上取得了长足的进步，然而，对福禄贝尔教学法特殊性的强调仍然使幼儿园和其他事物区别开来，而且似乎也永久限制了其优势。

从福禄贝尔幼儿园这个例子中可以看出，我们现在不会只单纯地或主要关注那些带有鲜明个人印记的发明。发明是否应该被看成是单个发明人的工作，这只是一个小问题。留下独特印记的是一些最为显眼的即刻成功和最终失败的例子。这样的例子有导生制，由约瑟夫·兰开斯特（Joseph Lancaster）和贝尔（Bell）发明的一种教育形式。这样的制度在教育发展进程中可能有很大的用处，但它只是脚手架而不是永久性建筑结构的一部分。它对个人理念的特别坚持使其不能满足每个人的巨大需求。

因此，不同时代的教育发明将某个发明家的独特贡献与发明人的广泛倾向结合起来。欧洲贡献给教育史的还有哪些发明呢？我想只提其中的一小部分，没有考虑它们的顺序。历史上的耶稣会[①]的教育制度，特别是17世纪和18世纪的形式；英格兰由联合在一起的学院组成的大学；塑造德国大学的教学方法——研讨会。瑞典人民最近有两个贡献：施罗伊德（Sloyd）手工艺教育系统和林（Ling）体操教学法。还有教师学院、花园学校、弱智孩子的辅读学校、商业教育的高等教育系统、古安（Gouin）教学法以及各种现代外语教学方面的成功方法、英国的大学推广运动……毫无疑问，你们还会想起很多。当我们思考所列举的这些教育发明的时候，我们看到教育上已经取得了很多成就，而且从中世纪开始，欧洲的教育不仅极大地扩大了受教育的范围，而且教育发明也从很大程度上推动了教育的进步。

当我们将欧美对这种改进的贡献进行比较时，我们首先考虑的是更广泛的发明。很多人都认可美国人在机械装置方面具有很强的创造力。美国人很早就关注这个方向了，一些非凡的成功激发了民族的想象力，经济需求的压力也将我们推向同一个目标。专利局成了激发美国人民族自豪感的地方。取得专利权或购买、

① 耶稣会是天主教会内的一个团体，1534年由圣罗耀拉在巴黎大学创立，1540年经教皇保禄三世批准。耶稣会的教育工作主要集中在中等和高等教育领域，学校组织严密，师资水平高，教育质量也普遍较高。——译者注。

售卖专利产品的权利，成为一种很普遍的现象。事实是在实用的创造发明方面我们拥有辉煌的纪录。我们会很自然地想到避雷针、蒸汽机、联合收割机、缝纫机、电话、白炽灯、留声机以及其他现代生活必需品。这些发明可能会使我们忘记那些不是我国发明而是从其他国家借鉴过来的东西。然而，当我们再次思考的时候，那些著名的发明，如蒸汽机、气球、动力织布机、机车发动机、分光镜、无线电报以及许多其他东西都是欧洲智慧的结晶。虽然我们国家的发明在数量和种类上可能会处于领先地位，但我们也有很多方面要感谢其他国家，这也让我们时时反思并让自己确信我们有竞争对手。

但是总体上，现在我们在机械方面是领先的。一个明显的事实是最近几年每年美国公布的专利数只略微少于全世界所有其他国家加在一起的总和。但是当我们转向创造性文学和其他艺术时，情况就发生了改变，欧洲在这方面遥遥领先。我们在这个领域已经做了一些工作，并且越做越好，但是还没有具备在机械发明方面展现出的那般自信的领导力。许多很好的短篇小说是美国人创作的，我们有很多优秀的诗歌作者，甚至欧洲在这期间都没有像我们这么多伟大的诗歌。我们正在制作一些充满阳刚之气的雕塑，而且我们的画家获得了全世界的尊敬和仰慕。我们的插图艺术水平得到公认，我们正在建造许多漂亮的建筑，并且正在制作一些动听的音乐。但是，我们这些方面的创新优势毕竟还是逊于欧洲的。我们的建筑师喜欢去巴黎的美术学院学习，我们的音乐家喜欢去莱比锡和柏林学习，我们年轻的画家在巴黎沙龙展出了画作才会被世界知晓。

那么，我们在教育领域的创造力如何？我觉得任何读过当代德国教育文献的人都会不时对教育创新有一种绝望之感。这些文献涉及的范围实际上是令人震惊的。新的计划和教育程序的构想刚刚出现在我们视野之中的时候，很可能就已经出现在德国的一些宣传小册子里了，甚至作为熟知的概念出现在《教育手册》中了，其概念的界限已经进行了明确限定，而且其价值也从正反两方面进行了衡量。所以，任何一个熟悉很早以前从大西洋彼岸跨越过来的教育影响潮流的人在历数美国对教育发明的贡献时都会非常谨慎。然而，不得不承认迄今为止德国和欧洲其他国家的教育讨论经常大大颠覆这些思想的具体体现，甚至涉猎广泛的德国教育学说也给其他国家的教育工作者留下了一些可以作为的空间。

欧洲人非常慷慨地称赞我们在教育发明上的原创力。在这张赞誉单上特别提到我们学校的图书馆、厨房菜园、高中自然科学实验室、普拉特学院（Pratt）和德雷塞尔（Drexel）两校合并型学校。对我们来说，很难拟出一份自己的特色名单——我们过于接近事实以至于感觉不出它们的突出特点。此外，如果我们主张得太多，欧洲有很多发明可能会让我们大跌跟头。但是，我冒昧提出以下几点作为我们对教育的原创贡献，然而需要声明的是，这份名单并不是包罗万象。

首先，是社会各阶层的非教派小学，适应我们的民主社会组织和我们的宗教自由。

其次，是美国中学，同时作为小学的延续和高等教育的起始点，拥有满足不同需求的课程。

再次，美国大学，其教学与研究的结合，文化与技术课程的并举以及自由教育与专业教育系科的相互融合。此外，可能还要加上值得注意的发明，即个人效率的新发展。

对于这些位于我们教育制度的核心或中心的机构，我们可以很容易地加上这个制度的一些小特点，其中没有一个是微不足道的。比如夏季学校，它的家庭学习的发展，如肖托夸（Chautauqua）那种类型的；形式比较好的教科书以及基于使用该教科书的比较好的教学形式；高校的体育馆；为学生提供交通服务的合并的乡村学校；与公立学校的工作紧密结合的公共图书馆和博物馆。还有很多其他密集出现的事务也在吸引我们的注意力！我最想提到的就是海伦·凯勒（Helen Keller），她被培养成正常和享誉盛名的女性的故事是我们教育史上最激励人的一个片段。塔斯克基（Tuskegee）是另一个。我们也回顾一下我们培训护士的学校，在很短的几年内就已经发展成每年招收两万名学生的规模。我还会谈到另一个属于我自己工作范围的例子，作为新的发明，它是我尊敬的前辈的功劳。我指的是那种特殊类型的工业教育，例如，将家养驯鹿引进阿拉斯加。

在阿拉斯加这片土地上，给当地人提供更好衣食条件的需要促进了这个工业和教育联合项目的出现。驯鹿是从西伯利亚进口的，教师来自拉普兰。因纽特摩人接受各种课程培训，如照顾驯鹿，让它们拉雪橇等。凭借这些技能，他们在面对威胁自己生存的新条件时能够维持基本所需。对于生活于困难境地的人们来说，这是一个真正具有建设性的做法。一个新的行业适应了新的条件，同时一种新的教育就建立在这个新行业的基础之上。虽然这种做法还没有显示其充分发展后的状况，但15年来已经发展得很完善了，目前已经找到了立足点并且证明了它的有效性。

但是，除非我们转向另一边，看看我们制度中还有哪些缺陷没有改正，否则我们就不能公平地评估我们创造性的程度。这些都是我们的教育发明迄今未能企及的问题，它们不但数量多，而且也并非不重要。我认为我们的教育制度——如此伟大的民族自豪感的对象，从上到下还是有许多明显的不足之处。

不管是对幼儿园之前还是小学之前的儿童，我们在家庭儿童养育方面还没有取得任何显著的进步。

我们尚未使幼儿园完全适应我们的教育制度，也没有设计出任何适当的替代品。

我们已经找到了一些办法让一半学生在学校一直读到6年级或7年级，但我们还没有找到让所有孩子都能读完小学课程的方法。

我们还没有组织起自然研究，并且对普通教育进行扎实的调整，使其能融入普通教育。

我们在初中和高中还没有制定全面有效的绘画教学制度，以便对孩子进行美术训练。

我们还没有把在主日学校[①]进行的宗教教育与公立学校的教学有效地结合起来。

我们还没有按照我们预期的从幼儿园到大学的顺序对我们的师范学校进行令人满意的调整。

我们还没有设计出令人满意的计划来培训中学和高等学校的教师。

我们还没有建立起一个永恒的教学职业。

我们还没有找到足够多的办法为大学生团体提供所需的文化、审美、智力和道德教育。

我们还没有通过大学各种零散的选修课程形成有组织的、统一的民族文化。

① 主日学校（Sunday school），又称星期日学校。一般为教会为青少年在星期天（礼拜日）举办的进行宗教教育和简单的读写教育的免费学校。——译者注

我们的学术和专业教育还没有形成全国性标准，我们也没有在研究生学院的教学和研究之间组织过有效又经济的合作。

我们还没有找到具体的方法，使我们的公共教育能够明确而充分地专注于我们国家道德水平的提高。

这份名单也不是完整的，但对于本次讨论的目的来说确实足够长。

我对这些缺陷出现的状况并不悲观。在所列举的每一项细节中，即使是现在，努力改进的工作也正在进行，我们相信最终会取得圆满成功。长期以来一直在为这种改进而努力奉献的教师，在有些情况下，他们所取得的成就是巨大而有益的。但是，我们在这些方面取得的成绩是地方性的、特殊的而非永久性的和全国性的，也非人们普遍认同的。我们能够面对这个事实也是件好事。

我们现在可以试着直接回答前面提出的问题，我们是教育领域有创造力的民族吗？没错，我们是这个领域具有创新能力的民族。任何人看到我们小学中洋溢的热情，包括中学教育的持续调整、大学的成长以及通过准确捕捉我们的民族特色并将其用于学术目的的大学影响力的扩大，都不会怀疑这一点；任何人看到我们的教育以新的方式传播到新的领域时，也不会质疑这一点。我们的教育一直在创新。但是，我们还不清楚在这方面我们是不是非常突出，而且我们的教育发明还远远落后于我们在机械领域的发明。

我们很容易被其他国家那些奉承性的报告所误导。他们有时也会坦率地指出我们的缺点。他们对我们学校的一般批评绝大部分是非常有利的。但是，我们绝不能忘记教育与我们一起都处在大众情绪的巨大浪潮之中。我们所提出的每一项发明都被这个潮流所裹挟，寻找机会全力完成自己的使命。没有哪一个发明者的工作不受阻碍，不被拖延。但与欧洲相比，这里的教育改进方式更直接明了。我们还不能公正地判断我们的教育在面对更激烈竞争的情况下将会取得什么成就。对我们来说，采取温和的看法是最为稳妥的，而且我们要坚持这样的观点，到目前为止我们教育取得的成功是巨大的、光荣的，但它们只可以证实我们的希望和信心而已，还不足以保证我们能走在世界前列。

如前所述，我们在这个领域的创造性不那么突出。与我们在专利局报告中长期披露的情况相比，我们的教育对一些细微的迹象还缺乏敏感性，无法将其付诸实施并使其获得成功。但是这个领域至少和其他领域一样有吸引力，新的教育项目经常会吸引公众大量的注意力。我们现在需要的是使公共利益得以持续发展，更好地对其加以区别对待。我们也需要教育领域的发明者具有永不衰竭的推动力，正是这些推动力不断激励了那些机械发明者勇往直前。就发明人本人而言，也要有耐心和设计新机制所需的资源，以及值得此刻我们去思考的远比这些更微妙的其他特质。

教育的发明者不会带给人们一个他们用来观看、欣赏和使用的新东西。人就是他进行发明创造的对象，公众的情绪是他的环境，他是创造人类社会的人。因此，他必须比机械发明家拥有更多耐心。如果他的发明是一个真正的具有生命力的发明，他会发现他有很多合作者，而且可能需要几代人的努力才能使这个发明达到完美的程度。在教育中，只适合某个人尺度的发明通常是无法持久的。然而，这项工作需要热情和勇气，而且还要有个人激励的基础。当前社会变化的速度正在加快，这一代人比以往任何时候都更有机会取得引人注目的进步，而且以往从来没有这样一个时代让一个人在他有限的生命中有机会做一些高尚的工作。我相信美国人民中的教育发明精神能够得到提升，以满足我们的更大需求。如果说在吕科墨得斯王宫里摆放盾牌和长矛是为了找到阿喀琉斯[①]，那么我在瓦萨学院可不是想寻找那样的超级英雄。应该说，美国受过高等教育的女性要在这个教育快速发展的过程中发挥最为重要的作用。我们所希望的男性和女性共同承担这项工作的时候到了——分担相似的工作，但有所不同。我们可以相信女性对社会进步所做出的伟大贡献不会使得男性们梦想可以转移自己的责任，而是提醒自己必须做好自己应该承担的那部分任务。

在这里，我们可以简单讨论一下建设性领导力所要求的几个问题。首先，让我们关注一个未完成的运动，此运动需要我们最好的技能，而且肯定会得到很好的回报。我们看到在学校教育和学徒教育分离了几个世纪之后，现在正在相互靠近。事实上，我们可以清楚地预计未来的学校将是它们联合的结果，它们的组合会呈现多种形式。到目前为止，我们最为熟悉的形式就是学校的自然科学实验室。在这种形式中，书本知识的教学处于从属地位，学生主要通过动手实践来学习。科学实验室的方法也已经渗透到了学校的其他部门。它已经影响了历史和语言科目的教学，我们甚至看到其影响已经延伸到专业学校的法律教学。但是现在

① 阿喀琉斯（Achilles）是荷马史诗《伊利亚特》中描绘的特洛伊战争中的英雄之首，他母亲海洋女神忒提丝（Thetis）从命运女神处得知他将会战死，于是，将他男扮女装藏在斯库洛斯岛（Skyros）吕科墨得斯（Lycomedes）国王的王宫里，与国王众多的女儿们一起生活。特洛伊战争之前，希腊联军派奥德修斯（Odysseus）去找阿喀琉斯出战。为了在众多女孩中找出阿喀琉斯，奥德修斯将一支长矛和一个盾牌放在了王宫的大殿中，然后让人在外面吹起号角，结果国王的女儿们吓得惊慌失措，只有阿喀琉斯立即抓起了武器，暴露了自己。——译者注

学校和学徒制正在以其他方式联系在一起，这种运动在手工训练和家政教育中非常突出。

然而，这两个系统的实际接触在过去两年中尤其显著。在匹兹堡的卡内基技术学校，教学的安排是这样的：学生在学徒制的正常课程中接受某些行业的部分职业培训。这些课程处于各个行业工会的管理之下，另一部分相应行业的培训则在技术学校进行。在辛辛那提大学，正在进行的实验是将在一家正规车间的有薪工作与在大学的工程课程结合起来。两个年轻人在车间里进行一周的轮班，一个人在大学学习的那一周，另一个人在车间里工作。这个实验引起了工人和大学生的极大兴趣，迄今为止，它的前景非常乐观。在建立公立商贸学校的运动中，无论是在教育方面，还是涉及与工会有关的问题上，学徒制和学校之间的关系都是一个至关重要的问题。目前，马萨诸塞州和康涅狄格州以及其他几个州正在尝试。从一般教育学的角度来看，注重书本的方法与学徒制方法的结合似乎是当前教育发明实践中最有希望的机会之一。

其次，我可以冒昧地谈论一些当前女性高等教育中的问题吗？我非常感激你们的热情款待，如果大家不允许，我是不会在这里说出我对这个问题的看法的。我认为你们不会让我沉溺于赞美的话语之中。但是，在我来到瓦萨之前，美国女子高等教育的问题在我看来似乎是这样的：我们在这个领域已经取得了巨大的进步，这些进步引起了世界上大部分国家的关注和赞赏。但是，我们现在出现了停滞不前的状况，还有一些重要的事情我们还没有做。作为人类一个简单的需求，建立完整的女性高等教育是一场艰巨的战役。尽管表面看来，这场战役我们已经赢了，但是出现了如何将女性教育整合进总体教育方案的问题，女性教育的分化工作也还没有完成。我们不得不承认教育整合方面的任务是目前非常艰巨的任务。但是，这是否意味着教育分化就压根不是任务呢？或者换句话说，男人和女人在社会中的功能在许多方面是不同的，这些不同是否完全超出了教育的范围？我相信，它们不能永远被排除在教育范围之外，但把它们纳入教育领域的任务是最大的困难之一，它需要运用创造性技能和耐心。在男女同校的教育机构中，在自由选修制度下，问题往往可以自行得到解决，女性往往被吸引选择某些特定课程，而男性则倾向于另一些课程。与此同时，还有一些课程作为男女都适合的课程。但是这个解决方案只能局部解决一些问题而不能完全令人满意。毋庸置疑，随着时间的推移，培养未来母亲的一些实用计划也会设计出来。有一天，会有专门的家政教育和为女性在社会交往方面发挥主导作用而设的教育，那些在几代人之前流行的女子精修学校的小范围的教育将在更高的学术层面上来进行。但是这也只是一小部分，还有进一步的工作，就是要认真培养女性应对将来在经济、工业乃至政治领域的工作能力。我难以说明这个问题的全面解决方案会是什么。但是，如果能满足需要，这将是最为伟大的教育发明之一。

再次，国际教育组织的问题。德雷珀（Draper）专员最近呼吁关注世界各地的教育工作者。根据他的估计，人数不会少于350万。无论他们身在何处，他们从事的基本上都是相同的工作。实现这个伟大教师队伍的联合统一一定会对世界和平与文明产生深远的影响。我们正在采用一些明确的方法来实现这种联合。其中许多是大家已经很熟悉的方式：不同国家的教育工作者进行学校互访；一个民族与其他民族交流各自的文化和理想，如法语联盟所做的那样；大学教授的交换以及其他各种各样的做法。

如果国家间的外交关系已经进入了经济阶段，需要补充说明的是，它们也正在进入教育阶段。美洲共和国局局长巴雷特（John Barrett）先生劝诫我们，如果我们希望与南美洲的民族建立更好的商业关系，我们必须理解和认可他们的文化和教育，在更高的层面上与他们相识。我们已经可以看到在中小学教育、大学教育，特别是在专业教育领域出现世界标准的迹象。把我们的高等教育打造成在学术学位和专业学位上值得全世界都认可的高等教育，是一个紧迫而实际的需要。这要求新的程序、新的设计以及现有机构间的协调。用今天讨论的话来说，它们要求在最广泛的范围内进行新的教育发明。

最后，国际的需要也阐明了国家的需要。这样的事情在国际关系史上一再发生。在世界各国中保持地位所需要做的也是我们在国内必须做的事情。我敢肯定没有人会提出美国教育制度集权化的建议，但是我们需要各州教育机构的合作，需要各种私人管理下的教育机构之间的有效合作。我们在这里所谈的教育是最广范围的教育，是从小学到大学，从最普遍到最专业的发展，通过专业教学的几种形式，通过有组织的科学研究，通过图书馆和博物馆以及造就真正民族艺术的那些运动。以符合我们学校精神的形式来组织我们的国民教育，这是一项事业，它需要竭尽想象力，它要求学术界行政管理的创新。但这是一件需要去做的工作，而且毫无疑问，这需要很多人紧密合作，这项工作远不是一代人所能完成的。这将是一个全国范围的创造性工作。

就像现在看来的那样，这就是摆在我们面前的一小部分任务。这个工作可能会要求我们认真思考这个极具影响力的社会，它的目的就是要用哲学去指引生活。我要提出的呼吁可以总结如下：你们一定要尽其所能鼓励、激发和明智地评价教育发明精神，因为时代要求我们在所追求的崇高事业中践行这种精神。

第九讲

美国儿童的若干需要

这是1908年3月华盛顿国际儿童福利大会召开之前的我的一次演讲。1908年6月发表在《全国母亲杂志》上。

本人非常荣幸受美国总统的委托，转达他对你们事业的深切关心与重视。按照我的理解，你们行动的主要目标就是通过改善美国儿童的生活质量来增进我们全社会的福祉。这个目标特别需要总统的关注，同样也需要所有热爱我们这个国家的普通国民的关注。无论你们采取何种明智的举措去实现你们的崇高目标，美国的所有团体、部门和党派都会积极配合。

作为学校教师和全国教育协会的一员，我感到非常欣慰，母亲大会将成为全国妇女组织的新部门的代表成员之一，这个部门是协会的领导们在去年夏天的洛杉矶会议上批准成立的。妇女组织的教育计划非常周全，她们可以做很多事情来促使这个项目在教育系统中发挥作用，而你们的参与将给这个全国性协会的效用更多的保证。祝愿你们的教育项目取得巨大的成功，也祝愿此次在华盛顿的聚会能顺利推进你们的计划。

事实上，你们的目标就是我们文明的宏伟目标。我们所追求的是让健康的童年成为成人健康生活的基础，让学习贯穿在我们成人的工作中。我们认为为儿童提供良好的学习条件是极有价值的，我们也同样认为为成年人的工作提供多种方法和途径也是值得的，但是我们现在主要关注的是从学校毕业到参加工作过渡的这个阶段。这是当今最令我们担忧的一些问题的焦点。学校主要应该关心的是如何将已经习惯了学校生活的学生转变成依然保有学习之心的劳动者，所以我所说的问题是学校后期的学习要与工作早期的生活结合在一起。这是当今时代最突出的问题之一，也是你们投身于此，努力筹划和认真研究的重点。

我们没有必要去展示生活方式的突然转变所带来的危险，人们经常提及这种危险，德国的高等教育制度就是这种值得关注的例子，在这种制度中，学生从要求和监管非常严格的中学突然进入相对自由的大学，这使得很多青年学生不适应。许多学生的人生是在大学第一年还未习惯自由就被摧毁的。德国人也会指出战争时期美国志愿兵悲剧性的命运，在没有任何准备之下，他们从和平的生活突然跌入到艰苦的军事生活中，这样的重压给许多年轻人带来的是破碎的身心。但是，我们又该如何看待十几岁的学生从以前不事劳动的生活进入到整日劳作之中呢？这样的转变带来的不仅是巨大的身体上的压力，更为严重的是心理压力。为了广大民众的利益，我们必须防范这种突然变化带来的紧张和压力。

那些人口密集、生存艰难的地方，那些工厂和矿山密布，工人成千上万的地方，也是危险最容易出现的地方。在人口较为分散、工业化程度比较低的地方，这样的危险就比较小。当然，在这些地方，我们也可以看到很多人通过各种方式从学校生活过渡到成人生活。

对我们来说，回忆自己过去的生活历程是很自然的事情。因此，我想要分享一些自己的回忆，相信大家也一定会理解。一些回忆把我带回到伊利诺伊州北部乡村农场的童年时光。在我10岁之前，我的乡村生活就已经开始了。那时，我所有的抱负便是要尽力分担一些家庭的负担，因为我可以看出，生活的重担压得我父母几乎喘不过气来。我们的家庭关系很密切，家人像伙伴一样相互扶持。我有一些固定的小任务，也就是一些家务，但我特别想挣钱来支付我的部分生活费。所以促使我11岁就想开始挣钱的不是我的父母，而是我自己。经过搜寻，我在村子里找了份跟学校上课时间不冲突的工作。在放假的时候，我就在附近的农场干活。在那一年结束之前，我就能够负担自己的衣物花费了。我挣钱的能力不断提高，当我的工资从每天50美分涨到75美分时，我骄傲不已。

后来，随着我们家农场的不断扩大，家里需要我回来和家人一起工作，所以我不再有单独的收入，再一次由家庭供给衣食。后来有段时间，我还在教师培训学校工作过。就这样转来转去，直到我做好准备投身到我选定的行业中。

总的来说，那段生活是幸福的，有很多时间可以玩耍，比起工作，我更喜欢玩。但是工作中也有乐趣以及让我感到自豪的地方。家庭中的其他成员各司其职。在外，我们有温暖和睦的邻里关系；在家里，我们有音乐和阅读相伴。我们都很享受在餐桌上讨论政治、历史、宗教和日常新闻的乐趣。

我可以很清楚地看到我的生活并不是特例。在我们国家的许多地方，迄今，这种生活仍在一遍遍地被重复上演着。在《国会目录》上可以找到类似的许多记录。如果《名人录》要介绍所收录名人的前20年的生活细节，这样的例子会有很多。

请允许我再次重复这一观点，即我们关注的重点是半工半读的生活。年龄应该处于12到21岁之间的某个阶段。我们中确有一小部分人21岁后学业依然还是自己的主业，这些人不在我们今天的讨论之列，我们只涉及那些在更早些时候就已经以劳动为生的大多数人。我想提出个问题让大家思考：对大多数年轻人来说，需要为他们提供各种使学校生活与劳作生活结合在一起的途径。在法律允许他们从事有薪工作之后的至少一到两年的时间里，他们的部分时间还是应该放到学校里。可以有多种方式实现这一目的，当然其中一些还有待发现。但是，无论如何我们都必须设法避免从学校生活到劳作生活的突然转变，而这正是今天太多青少年的命运。

正如我自己童年的一个普通的例子所展示的，渐进的和非固定性的过渡形式在某些方面要比通过立法和行政程序实施的举措好得多，但有些方面也不是特别好。我们肯定可以找到将学校教育和劳动更紧密联系在一起的方法，使两者可以相互支持。我们国家的创造力应该与教育调整的要求一致，以满足不断增长的这种需求。事实上，这样的措施已经开始出现了。在西部农业发达的州里，许多青少年夏天在农场工作，冬天在学校里学习。在城市里，不少朝气蓬勃又负有抱负的青年人，白天工作，晚上读夜校。在辛辛那提大学和匹兹堡的卡内基技术学院，学生的时间在车间里的实践学习和教室里的理论学习之间分配。我们可以把这些看作是前进道路上取得的初步胜利，它们对我们民族性格的塑造和人民福祉的实现具有重要的意义。我们还是非常希望国家能够制定出相关的法律，实施有组织的计划，使之出现一个中间的过渡期，既要求青少年接受一定的学校教育，又允许他们利用部分时间参加工作，这应该是青少年接受教育的阶段中最富有成效的时期之一。我可以看到这样的运动能够达到的圆满结局：我们所有人都能在21岁之前接受某种形式的学校教育，这种教育对职业的影响要比我们能够实现的更为重大。

但是，就在我们充满信心地抱有这样的希望的同时，我们不能忘记当前的任务是确保义务教育有合理的法律保障，同时要禁止那些不当的有薪工作。显然，法律既要向人们提供受教育的权利，也要保障免于工业化状况的影响。为了实现这两个目标，我们46个州中的35个州已经在它们的法令法典中有了适用范围不同的规定。但是，有1个州对这两方面没有任何法律规定，有9

个州只有单一的义务教育法或童工保护法。哥伦比亚特区对全国其他地区来说不是一个令人满意的榜样，因为它的义务教育法与规范童工的法律并不匹配。大家希望本届国会能填补上这个缺口。[①]

现在，我们只考虑那些有健全的义务教育法和童工保护法的州，让我们把注意力放在义务教育结束时期与容许劳动刚开始时期之间的关系。我们的一些童工法规定了不同年龄所能从事的不同职业，没有一个法律适用于所有职业。但总体上，目前的情况是这样的：在18个州中，这两个时间点可同时出现，也就是说，在全日制义务教育结束后便可以从事工作。有一个州在两者之间有两年的间隔期。对许多孩子来说，这样的间隔是一个危险的时期，甚至比从学校生活突然转入到有报酬的工作更危险。对于那些没有从事工作，又不用去上学的孩子来说，他们处在容易冲动、难自控、性格易被周围环境影响的年纪，很容易被懒惰俘虏。有7个州规定延长儿童接受义务教育的时间，以此来应对这样的危险。在其余的17个州中，义务教育年龄和允许就业的年龄有某种形式的重叠。这17个州从目前看似乎有相当大的机会进行尝试，寻求更好的途径使儿童能从学校生活顺利过渡到工作中。

然而，越来越明显的是，如果没有完善的监管和执行制度，这些法定条款将难以生效。而且，如果要达到最好的效果，义务教育法的实施必须与强制非劳动法同步进行。如果要达到我所说的目的，这种综合效率绝对是最为关键的。对许多十五岁左右的孩子来说，只要在卫生和教育方面有足够的保障，将学校设在工

①自本文写就之后国会已经通过了一项童工保护法。——译者注

厂或车间旁边，并且让学生合理地把时间分配到学习和工作上，这样做完全是可行的。不难想象，这样的安排不仅对工业，而且对教育也具有不可估量的益处。但是如果没有那些充分的保证，就没什么考虑的必要了。从各个方面来看，这些事情的任何重大进展都有赖于我们执法系统全面协调的发展。不妨使这些法律具有灵活性，使它们能适应各种各样的情况，这样行政管理也会随之变得更为精确和可靠。因此，在行政方面加强这些法律法规是我们当前的主要关注点之一。请允许我再重复一遍，如果与我们提议的一样，任何针对过渡时期的工业和教育的紧密结合要想做到安全、理智和可行，就必须关注我所提到的这些。

现在，我们先放下对未来劳动者生活如何过渡问题的考虑，请允许我提醒大家关注目前学生入学中最紧迫的问题。现在，强制入学的法律已经实施了，公众舆论也在不断批评对子女教育漠不关心的父母，但是在这些努力之下，我们学校的入学率仍然远远落后于它应有的水平。按照预期，我们每个人都应该至少接受为期8年，每年大约200天的学校教育，然而事实上，我们远远没有达到这个标准。1905年，全美人口平均接受学校教育的时间只有5.33年。在大西洋北部地区，包括新英格兰和大西洋中部各州，平均受教育年限能达到7.09年，而在南部的中心地带，这一数据仅为3.06年。这两个例子中的数字都太低，显而易见，我们依然面临着一个巨大的任务，就是要把这个数字提高到一个它应有的高度。当我们试图理解这些数字的意义，了解有多少孩子无法接受教育时，我们都会感到无穷的压力，因为这意味着生命以及各种机会的浪费。然而，这些数字也同样给予我们动力。虽然目前的平均水平很低，但它们也代表着长期以来持续的进步。1905年美国人均受教育年限为5.33年，应与1880年（人均3.96

年）进行对比，在25年中，人均受教育水平提高了35%，应该说是一个巨大的进步，因为同一时期接受教育的总人数在快速增长。在平均受教育年限最低的南部中心区，25年来的进步最为迅速，高达65%。

如果我们从宏观的区域性的数字转向考察有代表性的城市，我们可以发现另一种形式的刺激和鼓励。我们这里有一份桑代克（Thorndike）教授最近制作的影响深远的表格，表格显示出公立学校从低年级到高年级的班级数量逐渐减少。一般来说，有一半学生在八年级之前就离开了学校，而只有40%的学生一直坚持到基础教育结束。如果我们只看上面这一表面的事实，这无疑很令人沮丧。但是，当我们看到一些城市已经取得的进步，我们便会对其余城市充满新的信心。尽管表中记录的平均各城市都有一半以上的学生在八年级前辍学，但23个城市中有12个超过一半的学生能坚持读完七年级，7个城市有一半以上学生能读完八年级，至少有两个城市的大多数学生能读完九年级并进入高中学习。因此，我们有理由对此表示担忧，但也有理由充满希望。①

一个城市或几个城市已经做成的事情，其他城市也可以做。这句话要传达给那些与公立学校联系密切的家长协会，这些协会正是母亲大会所推崇的，它们被看作是最有前途的改善教育的协作形式。要想使我们学校的入学状况达到理想的状况，就必须在各种立法和行政强制手段中加强各种形式的合作。可以看到这种将各种有利影响相结合的做法现在已经取得了显著的进步。我们

① 继上面的内容写就之后，桑代克（Thorndike）教授的研究结果就受到严厉的批评，但是国内最有才华的评论家之一雷纳德·P. 阿雷斯（Leonard P. Ayres）提供的数据显示，只有50%的学生完成了小学的课程。[《学校中的落后者》（*Laggarods in Our Schools*），第66—72页]

希望我们的努力在未来会得到应有的回报。

这些不同的统计数据的重要性在于它们所代表的人生价值，这一点再怎样强调也不过分。我们关心的是在一所优秀学校里接受完整的8年教育与在某个临时性的学校接受3—4年零碎的教育，甚至是压根没有受过教育相比，将会给个人的生活带来怎样的差别。我们关心的是个人生活中的这些价值，同时我们也关注整个联邦和国家的巨大利益。就学校入学、童工等问题而言，我们无法回避这些人生的价值以及国家和各州的利益。

这些利益都应该具有全国性的意义，因为这是国家公民必须要做的事情。国家不能不去关注那些影响其根本特征和持久发展的事情。我的目的并不是在这里讨论人们提出的通过政府行动促使全国关注这些事情的方法，我要做的只是表达我的信念：这个全国性的问题如此深刻，以至于我找不到合适的词汇去表达它。在处理当前局面的时候，联邦不应该在任何方面削弱各州，相反的是，联邦可以做很多事情去加强各州的力量，去努力改善那些肩负联邦和各州希望的年轻公民的福祉。

我们的当务之急是为这片土地上的儿童和青少年提供平等的成长和受教育的机会。如果机会是我们民主的意义所在，那么我们必须通过为所有孩子提供平等的机会来尽可能地实现民主。这在很大程度上是联邦政府和各州政府的责任。但是，在政府能够提供各种条件以及发挥作用之前，合作性的机构可以完成非常重要的工作。政府会有很多责任会转移给这些机构。你们这个有影响力的协会和其他妇女组织可以分担这些任务。

到目前为止，我们是用参照物来考虑美国儿童利益的，首先参照的是学校生活与劳动领域生活的联系，其次参考的是中小学入学方面的问题。在我结束演讲之前，请允许我回到那个更早的问题，即如何培养好母亲的问题，这个问题在这次大会中占据着突出的位置。我不会冒昧地给你们提出关于哪种教育适合母亲的建议，这是一个其他人可能要向你们请教的问题。我愿意敦促大家思考一个比较狭窄、比较低层次的问题，但它也可能成为人民生活中具有重大意义的问题。

在现代社会条件下，大量需要人们所提供的母亲式的关爱和照顾，如果可以使用一个词的话，可以说社会需要大量的“代理母亲”。在孤儿院、托儿所、社会救助点等，都需要年轻女性提供熟练的服务，她们既擅长照顾刚出生的婴儿，也能够照顾儿童。这种需求绝大部分是由那些没有经过专门训练的人来满足的，因为这种专门的训练无处可寻。我们已经培训了幼儿园教师和医院护士。在儿童医院的幼儿保姆培训方面已经有了一些小小的进展。在比利时的根特、法国的巴黎以及英国的伦敦，有一些专门为贫困母亲开办的学校，但所有这些都不能满足我们的情况。实际上，我们所提议的是：鉴于近年来幼儿园教师和医院护士的职业已经形成，因此需要为女性再设置一种新职业，即婴儿护士或保育员。作为一种职业，它需要有专门的培训学校、专业文献以及保持专业精神和氛围的协会。专业培训应该部分类似于对医院护士的培训，部分又接近于对幼儿园教师培训。有些又与这二者完全不同，是一种专门针对这个新职业的特殊培训。对儿童的照顾要放在最重要的位置，尤其要关注其营养问题。但是，婴幼儿教育的原理也应拥有相应的地位，这当中可以包括防止过度教育的内容以及确保婴幼儿拥有健康，从而能够承受几年后学校生活带来的压力。

然而，目前还没有必要说明细节，因为在任何情况下，这些细节很大程度上都必须由教学实践提供。就目前的主要争论而言，我相信这一新的职业有它的发展空间，而且只要一所学校提供这样的培训，它很快就会为自己赢得一席之地。在建议你们考虑这个计划的时候，容我补充一点，保育员学校的最大好处无疑是他们的间接服务，即它们会对真正母亲的培养产生影响。应当有这样的学校定期交流照顾婴幼儿所需要的各种知识。这样的环境将最大程度吸引各地的母亲，她们有着最强烈的愿望去了解什么东西对孩子有益。这种学校为关于婴儿和幼童生活的知识提供形式、连贯性和实际的效果，尽管这起初只用于培训护士，但最终还是会被所有母亲所用。

面对你们，我毫无自信但带着极大的敬意向你们提出这些建议。毫无疑问，你们将为我们这片土地上的孩子们设计出更具智慧也更加自由的东西，因为没有人比你们更了解他们的需要，也没有人能比你们更热切地寻求满足这些需求的方法。我们也必须以其他的方式来承担这些责任，此刻我们来到你们面前，谨记母亲的神圣之职，同时我们也满怀信心地寻求你们的帮助，希望你们参与到联邦和州政府致力于所有儿童福祉的伟大事业中来。

第十讲

幼儿保育员的培养

本文是我于1907年2月6日宗教教育协会在纽约州罗切斯特举行的会议上的演讲，原题目为“家庭与道德和宗教教育的关系”，以原题目收录在协会的会议论文集中，后于1907年4月18日发表在《独立报》上。

教育的改善涉及很多因素，在讨论本文提出的计划时，我会偶尔离题一下，讨论一些伴随而来的情况，这些情况会影响我们在这个领域进行的试验。

事实上，我觉得有必要先从一个题外话开始。教育领域中推出任何新的举措都是极端困难的，我们从一开始就应注意到这一点。每个新的教育过程或教育机构都会在很大程度上表现出同样的保守倾向。这种倾向导致铁路最初的车厢采用了原来驿站马车的形式，直到人们缓慢而费力地搞出新形式，才取代了旧式的。这种倾向在建筑上也可以看到，早期人们试用钢铁构件的时候，依然采用古希腊铸造柱子和壁柱的做法。这种新事物模仿旧事物的倾向在教育领域中呈现出特殊的阶段，它会推迟甚至使新的目标无法实现。学校的成功取决于老师。当筹建一所新型学校的时候，通常只有少数教师，即使只有几个教师，只要他们接受过必要的培训以及具有经验和对新目的的清晰认识，也可以有效地从事这个新工作。因此，要使新的教育计划充分发挥作用，就要明确新目标，然后为将要从事这项工作的教师提供必要的培训和实习。对于教师们来说，困难程度又上升了一个层次，因为如果要广泛开展新工作，不但要考虑教师的供给问题，还要考虑教师培养者的供给问题。

由于后面的讨论要涉及一些问题，我现在想把我的主题限制在一般领域的一个很小的范围内。现在，让我们完全不去考虑大多数美国的家庭，在这些家庭里，儿童早期的身体护理以及道德训练的责任几乎完全由儿童的母亲来承担，我们只考虑那些雇用儿童护士或家庭女教师的家庭。也就是说，我想首先讨论的问题是一个关于培养幼儿保育员的问题。乍一看，这个问题似乎只影响富人的家庭。而事实上，这是一个既影响富人家庭，又影响母亲缺失的家庭以及穷人家庭的问题。随着大城市各种大学和社区“定居点”的发展，随着为孤儿和其他不幸儿童设立的教育机构的目的越来越清晰明确，我设想的这种儿童保育员的就业范围无疑将会大大扩展。在这方面，美国幼儿园历史上有类似的机构。在幼儿园被纳入公立学校系统之前它有两种形式：富人孩子的机构（“收费”幼儿园）和穷人孩子的机构（免费幼儿园）。我提出的计划在某种程度上以多种方式将幼儿园向下延伸到儿童生命的最早阶段。

但这并不是全部。我们需要记住的是，婴幼儿的道德教育与他们的身体状况紧密相连。事实上，在儿童生命的最早期，必须将生存和身体健康的问题放在首位，同时也要初步培养健全的性格，饮食、睡眠以及其他活动要规律。因此，在培训这类服务人员时，我们应该打破比较狭隘的幼儿园传统。我们可以吸收医院和疗养院的护士培训中很多好的做法，但也要谨慎。

但是，我们的目的是从我们护理人员教育的历史中找到可以激励这项事业的成分。在我们这些人士的记忆中，当某个家庭被长期的疾病困扰时会请护理人员来帮忙，此时的护理人员不是邻居就是家里的仆人。除了少数医院外，据我们现在所了解到的，受过培训的护士是没有的。这个职业缺乏明确的标准，从事这个工作的人缺乏职业精神。现在这些情况正在迅速发生变化，护士学校也在发生变化。1901年，在美国联邦教育署备案的此类学校有448所，在校学生人数达到11599人。5年后，学校增加到964所，学生约为2万名。这些学校正在迅速提高它们的入学标准以及学术和实践培训的水平。现在，它们中最好的值得我们从师范学校的角度来进行仔细的研究，因为它们处理的是师范学校一直存在的问题，即理论与实践相结合的问题。护士们有自己的协会、学术期刊和其他出版物。有10个州已经通过了护士注册的法律。特别是在纽约州，在教育部门的管理下，不同学校提供的培训课程已经实现了统一，质量上也得到了提高。如果护理不是医学那样的一个专业，它已经具备了一些专业性和专业精神，而公众无疑是这一变化的巨大受益者。

任何一类职业学校的一大优点都在于它所培训的职业具有专业性。就专业性而言，我指的是对标准和观念、专业知识和技能的重视，它是专业人员的标志，也彰显出专业人员会随时把公共服务的要求和内在的卓越表现放在私人的考虑之上。与各种学徒制相比，职业学校将不同领域专家的教学结合在一起，用理论指导实践能力的培养，组织系统连贯的培训课程，建立信息中心收集最新的工艺改进信息，所有这一切都有助于专业精神的培养。

与任何普通的学徒方式相比，学校不仅可以更迅速、更彻底地为职业做准备，而且能够更快地改善教学方法和教学设备。正如我们在过去几年所看到的，如果护理病人的护士学校能把一个不正规的职业提升为一个专业，那么为儿童提供服务的保育员学校在短期内迅速发展看来就没什么可奇怪的了。此次讨论中我要建议的就是建立这样的学校，或者在大学和其他机构为此目的设置专门课程。

要建立这些学校，面临的困难无疑是巨大的。现在美国的儿童保育员通常是家庭中的保姆，而且经常是外国人，选择她们的原因主要是她们讲的是标准的法语或德语。人们表面要求的似乎只是正确的发音，而不是照顾和养育小孩的技能。对儿童保育员的真正要求是要具备各种知识和判断能力。这种要求的范围是非常大的，包括营养、疾病预防、适当照顾轻微疾病（严重的疾病主要依靠护士）、纠正性格的缺点、初步学习、讲故事，等等。由于儿童所需的服务有的涉及身体、有的涉及教育，有的和母性相关，有的又与精神相联，没有哪个专业的高人能指导婴幼儿保育员的具体工作。她不像病人的护士那样是医生的助手，在家庭医疗顾问的直接指导下工作。如果孩子的父母就在身边，她必须首先听取他们的建议，而且还要向医生寻求指导。如果这个家庭中的教师与这个家庭的生活关系密切，也许还要向教师请教。最重要的是她必须依靠自己，利用自己所拥有的资源。

任何一个好的运动都难以确定其始于何时。无论我们何时开始，我们都会发现它已经有了开端。我至今还没有发现任何现有的机构承担了本文所建议的责任。但是毫无疑问，我们已经有了开始。亨德森教授（Charles R. Henderson）已经把我的注意力吸引到位于巴黎的两个机构，它们至少与这里所设想的培训学校密切相关。一个是由奥古斯塔·莫尔-韦斯（Augusta Moll-Weiss）夫人创立的母育学校，此学校1897年最初在波尔多创建，1904年迁到巴黎。这所学校分为四个部分：第一部分为教授和高层次女性设置；第二部分为打算做护士、厨师等家政服务的女性设置；第三部分为劳动阶层的妇女设置；第四部分提供家庭经济学和家务管理方面的教学。此部分的培养目标非常多样，既把年轻女性培养成未来的一家之主，也培养家庭经济学方面的教师，同时还给职业女性在经济和道德原则、个人卫生、环境卫生等方面提供指导。

巴黎的另一个机构以护理咨询（Consultations de Nourrissons）而著称，由巴黎大学医学院的布丁（Budin）教授主办，与巴黎的一家医院的产科密切合作。这些咨询的目的是为年轻的母亲提供关于婴儿营养和养护方面的实用信息。

我也注意过登载在1906年12月《19世纪》（*Nineteenth Century*）上的一篇极为有趣的文章，此文的作者是“根特母亲学校”的一位妇女合作社成员。这所学校由梅乐（Miele）医生管理，学校大约在5年前就开办了①，它与慈善办公室有密切关系，这所学校显然是在进行一项特别有意义的工作。它所提供的服务包括婴儿药房、牛奶储藏室、给母亲的健康讲座以及一些关于婴儿养护的理论指导和在一些日托中心的实践。

在一封发表在1907年2月《19世纪》杂志上的讨论“无技能的母亲”的公开信中，佛洛伦斯·凯利（Florence Kelley）夫人谈到了“实用家政中心协会”，此协会于1906年2月在纽约市注册成立，它为曼哈顿和布鲁克林的穷人家庭做了非常有价值的工作。凯利夫人在信中还提到了英国伦敦郡议会为住在农村茅舍的学龄儿童提供的教学。最近造访教育署的莫斯利新党的一位教师就这种“茅舍教学”提供了更多的信息。它在小学附近进行，为小女孩提供一些实际经验方面的教学，教学环境类似于孩子自己的家中，学习内容为一些普通的家务。

我手上的1903年《英国妇女年鉴和名录》里有很多公告，其中有“芝麻屋家庭生活培训”和“幼儿园教师和女护士培训”。还有伦敦的诺兰德研究所和利物浦女子卫生协会，在这两个机构里，女士经过培训成为儿童护士。

---

① 作者的演讲是1907年初，因此学校开办的时间大约在1901至1902年间。——译者注

回到离家更近的地方，我们在纽约市的婴儿医院里找到了一所已经开办了16年的保姆培训学校。这家医院最近发表的以1906年9月30日为结点的年度报告中包含了有关这一训练课程的有趣信息。课程的教学和训练涵盖了很多内容，如婴幼儿喂养、沐浴、皮肤卫生、托儿所卫生、托儿所紧急情况和幼儿园工作的基础知识。1906年，34名护士从这所学校毕业。下面关于这所学校的信息来自于学校最近收到的一封引人注意的信件，发件人是婴儿医院医务委员会秘书霍尔特（L. Emmett Holt）医生：

招收到的女孩在20和25岁之间。课程学习时间为8个月：6个月在医院，离开医院后，2个月在私人家庭试用。护士在培训期间，每个月有7美元补助。每年培训约35名护士。毕业后，第一年每月工资为25美元。此后她们中的大多数每月工资可达到30美元。申请学习护士课程的人数大大超过录取名额，每年的申请者往往多达1000人。

霍尔特医生补充说，在以下这些机构中，也以相似的方式培训护士：

波士顿的婴儿医院；
奥尔巴尼的圣玛格丽特之家；
新泽西州纽瓦克的婴儿医院；
布鲁克林圣克里斯托弗医院；
宾夕法尼亚州匹兹堡市的皮茨堡婴儿之家。

旧金山和布法罗也有其他类似的学校，但我没有关于这些学校的更多信息。

1906年12月26日的《纽约晚报》载有哈莱姆基督教女青年会的课程通知。这些课程似乎是为了培训“幼儿园保育员”。女孩必须年满18岁，而且必须接受过高中教育或具备同等学力，才能学习这个课程。4个月的学习结束后，成绩合格会授予证书，但整个学习过程需要8个月的时间。①

毫无疑问，还有其他一些我并不知道的正在进行的实验。我认为，我们已经为前面描绘的事业奠定了基础。但到目前为止，所做的一切从性质上看还属于开创性的工作，真正系统性的工作还没有完成。我们可以充分地相信这种时机已经到来了。

我们现在还不十分清楚究竟要去做什么以及如何去做，但至少这些事情看来是非常清楚的，即所要进行的培训应该将理论和实践结合起来，而且这项工作必须一部分是教学性质的，另一部分与普通护士培训学校的培训相一致。出于实践的目的，可取的做法是学生们能去婴儿医院、育婴堂、托儿所或其他照顾孩子的机构实习。理论教学最好是与学院或大学相联系。制定标准的系统培训课程的难度是显而易见的，但不会比在教育发展过程中遇到的其他困难更大。这个任务由教育部门、女子学院的卫生部门以及招收女生的大学等共同承担，就像《多愁善感的汤米》中的汤米，他们有信心找到解决问题的办法。

我希望看到最终解决问题的是这样的机构：它与医院和其他

① 在写作这部分的时候，我又注意到一本长达500多页的极为有趣的著作，书名为《年轻女孩的家庭教育》，作者是路易斯·弗兰克（巴黎拉鲁斯出版社，1904?）。这本书第三章“母亲的科学”里包含关于在性质上和目标上与我们这里讨论的学校类似的一些学校的信息。作者热情洋溢地谈到大约25或30年前由艾米丽·亨廷顿小姐设计的“厨房花园”。——作者注

实际照顾儿童的机构合作。就这里提出的培训而言，其性质是教育性的，其目的是吸引年轻女性，这些女性接受过的早期培训至少符合高等院校的入学要求。我们会发现对实践方面的要求远远超过对其他因素的考虑，因为开设的所有课程不是在普通的大学教室里，而是要和婴幼儿机构联系在一起。除了高校和医院，任何其他机构为达到这个目的所做的努力都不可能成功。我们还需要最广泛的实验，开创者们在这个领域里的劳动不仅是必要的，而且是极其有趣的。

如果我还没有提到对母亲的培训，即对养育和培养儿童的主要承担者进行培训，那是因为这种培训难以用任何直接的办法来达成。尽管很多年轻女性都会以正确的方式期待未来母性的责任，但我相信她们中的大多数会回避专门培养她们承担这些责任的培训课程。如果这种态度普遍出现，我们会断言它是不理智的，但是我们必须预料它是一个事实。关于这种态度，我们的确可以在人性中找到合理的解释。我很怀疑在中小学或大学里设置专门培养明智母亲的课程是否会有成功的机会，但是我确实相信，一个旨在让年轻女性适应儿童保育员职业的专业课程，会有更好的成功机会。我们有理由期望当这样的课程开课的时候，会有很多人去学习，完成了这些课程并且拿到学业证书或文凭的人会发现大量的工作机会在等待着她们。更进一步来说，我们完全有理由希望当保育员或保姆的这个职业成为一个十分完善专业的时候，它的影响必将以各种方式传播到国外。有些毕业生将成为培训班的教师，培训年轻妈妈们。很多毕业生结婚后，会把自己的知识和技能带到自己的家庭中。一些已经订婚的年轻女子，会带着使自己更适应未来家庭生活的想法来学习这些课程。这种专门性的课程也许会逐渐变成更为普遍的家庭生活教育的形式，会在我们的中小学和大学里找到自己的位置。

如果我在这篇文章中很少提到培训的宗教方面的意义，并不意味着我认为宗教方面只具有次要意义。在儿童生命最早的这几年中，任何对宗教意识的过分强调都应该谨慎地加以避免，这肯定是值得去做的。我们可以尝试启发他们的宗教概念，但应该与健康的心理和生理结合在一起，特别注意要和健全的陪伴相连。这些都是孩子在童年后期心理健康的最好保证。

第十一讲 女性教育组织的工作

此文我曾于1908年7月2日在俄亥俄州克利夫兰举行的全国教育学会全国女性组织部第一次会议上宣读，后发表在1908年的《学会论文集》中。

对于那些希望看到全国教育学会以最广泛的方式代表我们的教育利益的人来说，这个新部门的成立具有特殊的意义。正在全面开展的一项具有重大意义的教育工作与这个学会的各项事业息息相关。虽然在建立新部门的过程中大家都承担了相应的责任，但我现在特别要回忆一下康涅狄格州水城的玛丽·阿博特（Mary N. Abbott）小姐，她在去世前一直信心百倍地投身工作，她安排的事项今天才得以圆满完成。我只见过她一次，她将所有的精力都投入到这项事业当中，如果没有这项事业，我可能从来不会认识她。她对工作的热忱给我留下了深刻的印象。我敢肯定，这种精神是其他许多人所共有的，它使我们有信心相信这个部门将成为我们学会中最重要的分支之一。

在现代学校教育开始之初，很多工作都依赖那些不求报酬的组织者，其中大多数是女性，她们将慈善精神体现在支持和改善学校方面。读过奥古斯特·黑尔（Augustus J.C. Hare）的《厄尔汗的格尼》（*Gurneys of Earlham*）的人们会想起格尼家族的成员伊丽莎白·弗莱（Elizabeth Fry）夫人对于穷人教育的奉献。我们也可以在18世纪和19世纪早期一些英格兰人的经历中找到类似的事迹，同样的精神重现在我们美国，在纽约、波士顿和费城的早期教育协会中，我们再次看到了这种精神。

在英、美两国，井然有序的公共教育系统的崛起使这种慈善的努力黯然失色。在私人捐赠很难支撑学校的地方出现了依法建立并且由税收维持的学校。教学成了专业性的职业，同时也成了公务服务的一个分支。一切教育的责任，都被转移到了由专业公务员组成的联邦机构中。各地的教育协会不复存在了，就像我们通过宪法第13次修正案时美国的废奴协会消失一样。承担学校负担的捐赠和慈善活动被移交到其他慈善机构。教育基本上不再是一个接受救济的事业，而成了州和地方政府日常管理的一部分。

现在，虽然教育在变革中获得的比失去的更多，但它的损失是真实且严重的。所幸的是，承担教育职责的教师既是普通人，又是专业人士。如今我们看到了他们的活动对幼儿福利和对公共福利做出的贡献。为了提供最好的服务，他们有必要在已有的专业层次上不断地提高自己的专业水平，其中很多人已经达到了更高的层次。但如此之大的计划需要巨大的人力，它已经取得了不同程度的成功，这一点也并不奇怪。所有优秀的教师都清楚地看到了这个需要，即应该找到新的途径，使现代公立学校得到社会中一些更强大的力量的支持，这些力量曾经成就了学校并使其保持活力。

建造桥梁、检测牛奶或饮用水、预防流行病、确定合法权利，这些属于科学领域的事情都是专业性的。对这些事情进行专业之外的干预造成的是更多的伤害。教育领域也是一样，它需要具有大量的专业知识，普通民众甚至是代表公众的教育委员会对此领域的干预只会带来更大的伤害。在其范围内，训练有素且经验丰富的教师所做出的专业判断如今比以往任何时候都要受到尊重。不是哪本书应放在学校的图书馆、哪张画应该挂在教室的墙上的问题，无论一个社团的目标多么好，都应该是在学校内部形成的而非在外界压力下形成。任何特殊的方法、教学设计和管理都不应该强加到学校身上，除非得到学校教师队伍的认可。

当我们进入道德领域的时候，每个人都要为自己的道德判断负责，而不能把它转移到其他人身上。教育的一个主要方面本质上是道德问题。在这个问题上，专业观点不能优先抢占整个领域，非专业的公民在道义上必然有自己的意见。每一个公共的问题也同样具有道德的一面。建造桥梁、管理牛奶厂、行医和做律师，这些都是普通公民应该关心的问题。

那么，我们就有了专业教师正确做法的一个范围，同时也有了边界明确的专业之外的领域，在这个领域，我们不是从专业的责任出发，而是从道德和社会的责任出发去处理问题。我们可以从道德和社会领域交织在一起的阴影地带找到当今最重要的一些问题。

这个新部门就负责处理教育专业之外的领域和那个不确定的阴影地带的问题。它与学校的关系是非专业性的，是道德层面的。以往对大众教育的支持主要来自那些慈善人士的努力，这次就是这种努力的进一步回归。但是，我们要记住的是，在这段时间里，慈善人士的精神已经发生了变化，为他人做好事的精神已经转化为与他人一起为公众利益做好事。希望你们本着这种精神，使这个新部门成为社会中良好影响力的聚焦点，与公立学校的工作人员凝聚在一起。

没错！女性应该领导这项事业。她们已经显示出了很好的领导能力。但是，我们希望不管是男性还是女性都能充分承担社会中公共教育的非专业性责任，也希望所有有志于使其社区中的教育更有价值的人知道去做些什么，并且用这个部门所给予的勇气和启迪去做。

你们不会期望我提出详细的计划供你们参考。这里一些协会所做的工作已经勾画出了你们的大部分工作，其中大部分工作必须满足特殊的需要，适应特殊的时机。你们在这个部门建立之前所达成的共识体现了教育界朋友普遍认同的一些教育改进的建议。在这些事情上，你们的工作就是促成一些改善更为有效，至少在这方面能够达成一致性。

但是，我想指出的是，比较大的人口中心的教育事务总体是进步的，计划虽然极其简单，但现在看起来是很有远见的。我希望看到所有教师组织起来，以便可以时常思考一下如何改善学校，也可以为了同样的目的将学生家长组织起来，为学校的发展献计献策。在不妨碍教育行政部门日常工作的情况下，同时在不免除他们对学校所有工作最终责任的前提下，可以举行一次非正式的常规的公民投票，在这种情况下，这两个独立的团体会对所有对教育计划有重要影响的建议进行详细考量。双方应该举行各种会议并进行合作，会议委员会以及某些机构中应同时包括教师和学生家长。

当然，应该避免无休止的拖延。通过这样的安排，我们有理由相信，只有那些最关心教育实验的人充分理解教育改革，我们的教育体系才会有彻底的变化。

但是，这样的安排不仅应该防止突然性的变革，还应该防止长期的一成不变。我们需要在学校体系中保持旺盛的创新精神，因为新的时代需要新的举措。在我所提到的两个团体中，都应该培养主动创新的精神。就像其他领域一样，教育领域中的绝大多数新发明可能会失败，但是总会有百分之一或千分之一的成功，这个代价是巨大的。让非教育专业领域的朋友们组成一个高度重视教育改善和改革的团体，让他们的建议得到公正的考虑。如果建议得到广泛认可，就把它们转交给从事实际工作的教师进行再次审核，或者对其进行修改，也可以根据情况改变程序。但是，让我们每年都通过这种方式向教育部门提出建议吧，这些建议有的是社区想实现的，有的是学校可以做到的。

正如你们所看到的，我还没有彻底凝练好自己的建议，而且也还没有经过教师团体或者校外友好的社区团体的双重审核。不过，我希望可以得到来自这两方面的批评。作为众多有利于教育事业的建议之一，我在这里冒昧地提出这个建议，希望你们部门的这次会议会对此进行讨论。

第十二讲

大学与师范学校在教师培养中的独特作用

本文我曾于1908年6月30日在俄亥俄州克利夫兰召开的全国教育委员会会议上宣读，发表于1908年的《全美教育学会论文集》和1908年9月的《教育》。

我想要表达的可以概括如下：从师范学校方面进行调整导致的主要困难是师范学校似乎脱离了我们学校生活的主流。主流的学校生活是从小学到高中然后进入大学，或反过来，从大学到中小学。

从大学方面进行调整的主要困难基于这样一个事实，即现在还不可能在大学里设置任何教师培训体系，因为从实际教学的效率上看，它无法与我们最好的师范学校相媲美。

现在，我们习惯的想法是把国家的各级教育从最低层到最高层紧密结合起来。我们对民主精神的忠诚要求我们这样做，我们也确信从长远来看这对科学和国家是最好的。持续性和连贯性是我们教育机构的口号。

但是，正因为比较高的年级与低年级连接得过于紧密，我们才需要特别注意不管是教学方法还是教学内容都要保持平稳的发展。不管是哪一个年级的教学，都不能把学业上的惯例带到高一个年级。在学业上升的任何阶段，类型和难度基本相同的教学都不应该持续两年以上。

而且，我们不能满足于过去的标准。这不仅仅是因为我们自己的国家发展了，与世界其他国家的接触也使我们明白了我们的标准太低了，无论是在知识方面，还是在教学技能方面都是如此。我们现在处在世界的前端，在这个新位置上，仅仅赢得那些老牌文化国家对我们科学和学校教育的认可是不够的。新的位置要求我们竭尽全力来确定纯科学以及教学实践应有的世界标准。

要做到这一点是极其困难的，尤其是当我们一半的教学力量是一盘散沙，谋利的追求不断引诱应用科学学者离开实验室的时候更是如此。但这些不利的环境并不能免除我们的责任。当今时代对教师的知识和教学技能的要求越来越高，因此师范学校和大学进行功能分配时必须要考虑到这一点。

我们非常赞同学科知识和教学技能在所有年级的教学中都是必备的。总体上，教学技能在低年级更为重要一些，而学科知识在高年级则更为重要。对这个事实的普遍认可自动反映到教师的分配中，人们倾向于把高校毕业生放在中学，把师范学校毕业生安置进小学。在文法学校这种学术性中学中，两类学校的毕业生都有。排除很多例外情况，我觉得对公共利益来说这是一种很好的安排。我们必须认识到，中学，不管其类型和地位如何，必须主要由那些接受过学院或大学培训的人员来教授。文法学校的7年级和8年级，如果它们采用的是州教育厅计划或提供中等教育程度的教学，教师的安排也应该如此。

我们需要把特殊的知识和技能融入到适当的关系中，而且还要加上第三个要素，即特殊的先天具备的教学素质。我们目前考虑的范围如下：

最为重要的是我们吸收进教学行业以及教师培训学校的应该是那些本身具备合适素质的人，即适合从事教学工作的人。

其次，这些人应该受到良好的教育，具备一般文化知识和某一学科的专业知识。

在这些要求达标之后，是对教学方法的培训。

奥德曼（President Alderman）主席在他最近发表的报告《发展中的南方》中指出："这一代人认识到教育不仅仅是单纯的学习，甚至是训练，而且是塑造民族性格的巨大力量，他们这种能力促使具有创造力和崇高品格的青年人进入教育领域。如果在南方历史上其他情况之下，这些人会本能地转向不同凡响的服务性的政治和社会领域。”

这样的条件对于教学行业和各类教师培训学校都是至关重要的。只有使教育系统周围的所有条件协调一致，才能做到这一点。我们要通过所有人员的共同努力，将所做的一切都转向教育。

第二个要求，即教师受过良好教育，之所以强调它，是出于两个原因：首先，因为教师受过良好的教育会确保他在社会上拥有一席之地，因此在他的课堂影响力之上又加入了来自社会尊重的份量；其次，因为教师需要这样的地位，使其对学生的影响超越课堂，远达学校生活之外。有一种按照直接要求的标准来说是非常适当的、成功的教学，这种教学有时甚至非常成功，却没有深度。当需要对受教育者的生活产生持久影响的时候，这种教学就达不到预期效果。出现这样的教师是非常令人遗憾的，但有时确实有这样的教师，他们的教学技能可能与其卓越的学术成就不相匹配，却给学生留下了最清晰、最深刻的道德印象，或者学生在成年后除了对老师一点可怜的记忆外，什么都没有。

第三个要求是教师要掌握教学艺术，强调这一点也有两个原因：首先，教师缺乏技能可能不会妨碍他和学生们产生互动，实际上是阻碍了学生获得适当的教育；其次，特别是年轻的老师，应该能够和教师团队中的其他人合作。作为受过良好教育的青年教师，教育兴趣和教师培训不足以使其与其他教师共同联手将学校办成名副其实的好学校，这对其个人来说会有些孤独寂寞，对同事们也是一种妨碍。

现在，让我们回到目前调整所面临的实际困难上。一位师范学校的校长不久前对我说："如果你想为普通学校做点什么，帮助他们走出死胡同吧。"这只是开篇时提到的困难的另一种表达方式。另外一个在师范学校的老师是这样表述的："学校内部个人之间的关系很好，但在智力方面，我们处于饥渴的状态。"我很清楚这种情况的另一面。有些师范学校的校长和教师已经使自己的学校非常重视智力和审美趣味。高素质的教师继续入职师范学校，其中许多人拥有顶尖大学的学位。但是还是有死胡同，这不是错误，而是现实存在的状况。它也出现在其他单独设立的专业学校中，如医学院、法学院和神学院等。是否应该在师范学校开设大学层次的课程，授予大学学位，由此作为补救办法来加强师范学校的实力，人们对此依然有疑虑，尽管在不损害学校其他工作的前提下提供完整的大学层次课程的计划可能是合理的。最显而易见的补救措施就是使师范学校与从事最高水平科学研究工作的院校建立更为密切的关系，使其在各州的大学系统拥有适当的位置。我不打算讨论在具体情况下如何做到这一点，这样的例子实在是多种多样。目前大学在二年级结束时将本科教学分成两部分的设置给了我们启示，在某些情况下，师范学校除了提供其他课程，也可以提供大学的前两年课程。一个值得考虑的调整措施是师范学校与一些大学之间的教师进行定期及系统的交换。当这样的交换变成了常规的做法之后，我相信这对双方都会有好处。

我所说的第二个困难是在大学方面，是提供适当的实践教学，特别是为中学阶段教学解决实习方面的困难。哈佛大学、布朗大学、芝加哥大学以及加利福尼亚大学在其教育学院和其他机构里，已经以各种形式部分地解决了这一难题。在我看来，没有一个地方解决了全部的问题。为文法学校高年级以及普通中学提供实验课程的实践教学相对而言比较容易，但是对实验室以外的中学课程来说则比较困难。通过成功组织小学阶段的实习，师范学校确立了一套教学实习的标准。但有些城市的教育局长和中学校长们强烈要求不要让中学教师进行入职学习，师范学校可以进行小学教师的入职培训。

在我看来，大学当局还没有认真对待这个问题。然而，我深信这是一个必须要认真对待的问题。我们希望师范学校和大学之间有更加密切的联系。但是，在这个问题由我们一些州的立法机关接手之前，我找不到令人满意的结果。作为州教育体系的一部分，我们大学的专业课程必须辅之正规的教学实践，因为为了实践教学，已专门组织起了特殊的中学。或者仿效德国的见习期形式，学生在指定的中学接受学徒式教学，或者提供这两种形式另外再加上其他形式。

第十三讲

工业教育：为了国家的利益

此文我曾于1909年2月25日在芝加哥召开的全美教育学会教育局长分会会议上宣读，发表于1909年的《全美教育学会论文集》。

毋庸置疑，我们需要工业教育来保持我们工业的繁荣。这个问题已经经过了广泛讨论，在这里我们也可以进行讨论。

现在主要强调的一点是，美国对教育的主要需求像以往一样没有变化。它的需求就是锻造通过智慧和自我控制获得自由的公民。美国未来教育的主要任务与过去一样，就是要培养我们的人民，使其获得真正的自由，这就意味着培养人们在公义的道路上自我选择的智慧。我们仍然相信这样的培养是可能的，而且值得我们尽最大的努力。

这是否意味着对工业领域的特殊培训是无足轻重的呢？远非如此！新葡萄酒不会装在旧瓶子里，但旧葡萄酒必须得经常装进新瓶子里。我们以往的教育精神必须传递到新的教育形式中以满足我们现在的需要。在应对目前的教育时，我们必须对相同和差异给予应有的注意。我们先谈谈差异。目前存在着一种危险，即我们新型的工业教育有可能搞得像老的教育一样，失去其独特的价值。如果我们不是非常小心，结果将是在旧式学校中组织工业教育。我们可能得到的仅仅是旧的书本加实验室的工业教育。这种惨败是绝对要避免的，哪怕我们必须建立新的学校，在新学校中新的训练可以充分地确立其不同的特质。

我们再来考虑统一性。如果我们能够充分保证必要的差异，那么将新课程和旧课程紧密联系在一起就会有很大收获。因此，我们强调所有阶层和职业方面的一致。但是，如果新的教育培训必须在一定程度上进入不同的学校，那么我们无论如何都要让这些各自独立的学校与我们的教育系统在精神上保持最紧密的联系。特殊的学校需要这样的联系，而教育系统需要这种联系是平等的。仅仅进行手工技能训练的技术培训不是我们想要的。我们想要的技术培训是一种教育。如果我们的职业学校只是想培养技能，它们就不会为改善我们的工业做出贡献，只会为固定产业生产优秀的机器而已。但同时，如果普通教育的结果不是技能，它带来的将是一个学究阶层，这些人只能无助地看着他们没有参与的工业生活的进步，正如加拉哈德爵士（Sir Galahad）在城堡里注视着圣杯的游行一样。

大众文化与职业培训之间的统一是我们大众文化观念后期发展的结果。我们熟悉这种形式的文化，它通过远离日常生活的观念和联想使人们摆脱日常生活的局限。这是自由主义或古典文化的形式。这种文化永远是合乎情理的，那些无法将学习者从眼前的感觉中解放出来的训练只不过是残缺的没有生命力的教育。没有愿景，人们就无法成功。但是，这种高级的文化也只是愿景中的一部分，而且可能会使拥有这种高级文化的人被孤立起来。现在，我们正在寻找办法，努力搜寻出一直沉寂在最平凡的日常生活中的火焰——世界的情怀和观念。当我们走得更远，使每个环境都生发出其内在的教育价值，那么学术性文化与各行业职业之间的联系就会得到确认和实现。

各州是否应该按照我们这里所提的那样关注工业教育？我想这样做是非常有必要的，因为在某种程度上，这既是为了工业发展，更重要的是为了民众。

联邦政府是否也应该参与这项事业？这是一个更加难以回答的问题，但我认为答案依然是肯定的。联邦政府不但不能漠不关心，而且还要有强烈的兴趣，因为这既涉及其工业，也关系到其国民。从一开始联邦就主要通过拨付赠地为促进各州的教育做出了贡献，各州建立农业和机械学院后，则是通过年度补助金的形式给予支持。这项政策从结果上看是非常合理的。它对中小学的支持在程度和特点上有些不同，但这种轻微的变化不能说是背离了政府管理的传统。

但是，在这个问题上采取任何影响深远的措施都应该慎重。如果这个问题只是得到了几个州的充分关注，联邦政府就不应该妄加行动。在任何情况下，联邦都不应该在极大地干涉各州不同的教育管理体制的情况下采取措施。涉及联邦政府提供补助金方面的计划，联邦应该仔细研究各州有关的制度，而且联邦政府只能以加强各州教育当局力量的方式来处理这方面的问题。

除了政府以外，还有许多利益卷入到工业教育运动中。这些利益必须得到公平的对待，但是不是从任何私人的角度，而是从公众和国家的角度来考虑。我们不能把农村学校工业教育的目的仅仅局限于将年轻人留在农场里。农村的年轻人不管在城市还是乡村，都应该有公平的机会从事体面的工作。但是，农村生活也应该有公平的机会来吸引这些年轻人，也能有和城市相媲美的生活。

我们必须认真考虑用人单位的观点，因为伟大的工业方向所涉及的智慧是可以教授的。但是，我们绝不能把工业教育单纯地放在提高产品产量上面，那会使我们的公民成为工业的附属品。视野宽广的企业家们是这些短视政策的最强烈的反对者之一。

必须认真考虑有组织的劳工的观点。尽管人们对于任何特定的劳工组织的方法可能会有很多反对意见，但是从产业界双方看，有组织还是比无组织好。在这里，公共利益又是最大的考虑因素。我们不能欣然允许工会有这样的政策，即禁止年轻人学习某种体面的手工职业。另外，我们也不能容许从事工业教育的工业学校瓦解劳工组织。工业教育极为紧迫的是需要对学校培训与学徒培训之间的关系进行公正地对待，而且要进行一些调整。

现在，我们来谈本文的主要目的。全国性的工业教育问题必须通过企业家、政治家和教育家的共同合作来解决，但解决问题的主要责任要由这三个阶层中的某一个来承担。工商界人士和政治人士行使着极大的权力，同时也承担着巨大的责任。在这种环境控制下，他们有权得到尊重。但是对我们的国家生活来说，最重要的是，我们的教育行业在确定工业教育的进程中应该发挥带头作用。

如果学校的人员对于我们的立场和需求采取的是最全面、最公平和真正进步的看法，如果他们对新的建议采取一致的态度，既不是不明智的保守主义，也不是盲目从众，如果他们为新的事业制订出明智可行的计划，坚定地支持经过深思熟虑的改进计划，我们在这方面的最佳判断就可以引导公众。面对目前的现实，如果这些特点在国家的教学行业中表现出来，教育方法将是解决工业学校问题的方法。而且，从国家利益的角度来看，这是值得期待的。

第十四讲

教师的艺术

本文是我于1908年6月2日在南卡罗来纳州岩石山的温斯洛普师范和工业学院毕业典礼上发表的演讲，1908年10月17日我在卫斯理学院教育系又进行了相同的演讲。此文较早的版本题目为《教学的精美艺术》，发表于1898年9月的《教育评论》。

今天，我想带给大家的是一个非常简单的信息。我想和你们谈谈关于教师培训学校的日常工作。我们国家花费了大量的时间、精力和金钱来执行一项宏伟的教育政策，但是这个宏大的政策和巨大的开支都要回到这里，即我们正尽力把好教师安排到中小学，让这些教师去教那里的学生，并确保他们的教学是在所能给予的最公平机会的条件下进行。关于总的方针，我们可以做的就是提供一个必要的环境。教师和学生在学校里做的才是主要的事情。一旦你选择了教学工作，你就会处在如波斯神话中光明之神奥马兹与黑暗之神阿里曼之间无休止的对立之中。我们在督导部门的一些人，时常带着深深的遗憾，只能从远处观望你们，无法直接分享你们的辛劳和胜利。对于我自己来说，我最珍视的回忆是学校的教室，在那里我每天都给孩子们上课。

教学有很多方面可以讨论，但我只想讲一个方面。对于我所讲的内容，我非常感谢一位可敬的老师约瑟夫·勒孔特（Joseph LeConte）。在他的一篇关于教育作为一门科学的讨论中，勒孔特给人们提供了将教育理解为一门艺术的线索。我们今天要考虑的就是这种教育—艺术。我的意思是教育是艺术的一种，与其他精美的艺术有许多共同之处。

勒孔特教授用这些话来说明教育的方法：“它们必须永远是人造的，因为教育是艺术，而且艺术必须理想化，而不能仅仅抄袭自然。但是像所有的艺术一样，它必须严格基于自然。它必须采取自然的方法并不断改进。”

那么，我们现在要注意的首要的事情就是，教师的艺术是站在理想的一面处理真实的事情。自然科学坚持认为，我们要真正去看，看到事物本来的状态。但艺术更进一步，它告诉我们的是，当我们看到事物最好的状态，我们看到的是最真实的。巴里（Barrie）先生将这种观点放在他的一个故事里：“见好为真”，随后他又补充说，“这是爱人者的特权”。教师爱的是孩子，他的特权是看到他们身上最好的东西，即使现在还没有最好的东西，但也可能被引发出来。所以，一个清醒的教师知道他的学生们在最差的时候有多么不完美，知道他们的习惯和性格有多么不好，但是他不用刻意去了解就知道这些。

对他们的缺点视而不见，
对他们的美德诚心称赞。

这是他每天教学的智慧。他没有抱怨学生们有多顽皮，但是他对学生的优良品质有着发自内心的欣赏。

“来吧，让我们和我们的孩子们一起生活。”这是我们熟悉的福禄贝尔的名言，一个教师在这方面会有鉴别力。他会靠近自己的学生，但是在高的层面而不是低的层面，这就是福禄贝尔所做的事情，而且也是许多其他教师做的事情。他们靠近学生，不是轻率地屈从于单纯的孩子气，而是引导学生进入他们感觉自在舒适的更高的境界。

你有没有见过一位教师轻松自然地与学生们谈论比他们熟悉的内容更高深的知识？他会选择时间——在学生们的性情已经适应这些方法的时候，他会选择表达的方式——所用的语言既不能太简单也不能太难。你有没有看到过一些学生努力奋斗到达更高的水平，不愿让老师失望，或者不愿失去被老师唤醒了的新灵感？这是一个罕见的景象，但如果你去大城市拥挤的小学和偏远乡村的学校中去寻找，你就可能会看到它。真正的教育是向上仰望，去抓住我们用些力才够得着的东西。当然，在你自己不熟悉的领域，你不能指导你的学生们。但是，对于勉强能领悟但还没有掌握的事物，如果有教师带着希望和志向推动学生了解这些事物，这可能会对学生有很大帮助。

即使在良好教养的培养中，让学生们努力追求比自己的水准更高一些的行为举止也是可行的。我们都知道，不断精进自己的道德水平有多么必要。我这里有一个取自南方旧式学校的教学的例子，这个例子比我所做的任何笼统的说明都更能体现我的意思。我所说的是亚历山大·H. 斯蒂芬斯（Alexander H. Stephens）写给理查德·马尔科姆·约翰逊（Richard Malcolm Johnston）的一封信，信中斯蒂芬斯先生描述了一位乡村教师，而那位教师就是斯蒂芬斯的父亲："他从教学中获得了极大的乐趣。"我在这里继续引用信中的内容：

他的学生们普遍都很喜欢他。他与学生们的关系轻松而亲近，但不失学生们对他的尊敬。最小的男孩虽然和他不熟悉，也会很自然地接近他。他有一种任何其他学校都没有的做法。大概每个月一次，星期五的晚上拼写课的任务完成之后，他会安排一个礼仪练习，学生们称之为"学习行为举止"，他到底把它称为什么，我也不记得了。这个练习包括排练熟人见面常用的寒暄方式，双方彼此介绍客人的方式，包括在不同情况下如何引介……这些练习看起来琐碎简单，但对于没有社交经验的乡村男孩和女孩来说非常有用……他蔑视和憎恶欺骗、撒谎以及所有的刻薄和不诚实。据我所知，他是当时唯一一个孩子们从不跟他搞恶作剧的乡村教师。

我想，这样的乡村教师现在已经没有了。他的工作已经落到了我们师范院校毕业的年轻女性身上，她们现在是在普通的学校里教书。其中的许多人会在一段时间之后结婚——如果她们能做到知行合一，将所学用到生活中，那么结婚的女教师越多越好[①]。只要她们在学校里，就应该追求教学的艺术，像任何一个时代的最好的前辈们所践行的那样。如果把艺术带入更深层次的教育内部，那种艺术就不会在世界上消失。沙普利斯（Sharpless）校长几年前庆幸地说："不管我们这些可怜的孩子是否学习了课程，对他们来说，每天能与常见面的女老师接触几个小时本身就是件好事。"

有一种进入更广阔生活的方法，但对于这些举止文雅的老师们来说，学习起来并不容易，可是她们必须学习这种方法以便能够很好地传授它。我所指的是公民生活的课程，是如何对社会和国家承担责任的课程。

我每天从女教师那儿了解最多的就是，她因为看到孩子们到处扔纸片、毁损树木而烦恼，她们梦想有一天，在我们的学校里，孩子们能真正了解他们对整个社会的责任。告诉他们不要这样或那样做很容易，可是会不会造成他们无事可做或留下事情不

① 19世纪随着美国各州义务教育的普遍实施，大量追求独立的青年女性进入教师队伍，20世纪初随着移民潮的加剧，公立学校中的女性教师比例更是高达75%。女性教师的薪水远低于男性，学校几乎不会聘用已婚女性，因此女性教师往往工作几年结婚后便会回归家庭。——译者注

完成的局面呢？如果给他们一小部分工作，使他们的城市或城镇成为一个更好的地方，那么他们将开始学习我们所有人都必须学习的最大的课程之一。我每次想起宾夕法尼亚州斯克兰顿公共广场上那些花卉就特别高兴，那是那个城市的孩子们栽种的，这方面也有其他一些很突出的例子可以举出来。

我们的邻里、州乃至整个国家的生活——每一个公民都在自己能力范围内为此承担责任，不管是位高权重的大人物，还是籍籍无名的平民。正是这当中的一项责任把我们从自私的自我中解脱出来，使我们达到了我们生命注定应该达到的层次。这应该是在我们各地的学校中发挥作用的观念之一。这里教师的艺术将接受最精细最严格的考验：把他所在学校的不起眼的小目标与我们国民生活的大目标联系在一起，让我们土地上的孩子们为了共同的利益而生活。

但是，这种看待教师艺术宏大理想的观点把我们引向了所有艺术所具有的另一个特征，那就是对分寸的把握，对大小事物的恰当区分。分寸的感觉不管是在画室还是在学校都是不可或缺的，因为我们常常把时间浪费在了琐事上。正如费奈隆（Francois Fenelon）所说："好的品味拒绝过度的细致"，"把小事物当作小事物来对待"，好的品味会使教师免于教学技艺中最常见的误区。

教师不应该以牺牲比完美更好的东西为代价去追求工作中的完美。我们所能达到的完美对我们所有劳动成果来说太微乎其微了。那种雕刻精美的东西是不能令我们满意的。我们要为自己和我们的孩子们设想一些宏伟的、朦胧的、没有雕饰过的东西。我们想让我们的研究开辟出一条通向未知国度的景观长廊，并吸引我们进行新的冒险。建好的拱门毫无疑问是好的，但我们会透过它去看。

尚未游历的世界在门外，

它的边界也不断向后退让。

有人会说，像文学一样，教育已经过了过分重视细微之处的“刻樱桃核的年代”，但我们的小学还没有超越这个时代。还有人会指责这种对小事的过分强调会对学校中的女生产生不好的影响，但是这种影响并非只对女性起作用。一个在学校小气琐碎的男人到哪里都一样。正如马修·阿诺德（Matthew Arnold）试图将一些“大”加入流行的观念中，我们所有人都需要在教育的概念中加入更多的“大”。

然而，小事情的完美有其自身的价值和地位。我想我们可以公平地说，我们所有的教学都有正确的方法贯穿它的两个方面。在这里，我们的工作必须精确细致地完成，所有的工作必须能勾勒出引人注意的轮廓。两种处理的模式都是需要的，但是在不同的学科中，它们有不同的比例和组合。

实际上，就像要求他们教学一样，教师们要求我们把他们身上的各种元素混合在一起。我们可以忍受年轻教师像原始星云般的各种粗糙和不定型，只要他有将这种混沌凝聚成有序星系的能力。我们也可以忍受一个旧式校长对制度的钟爱，只要他的制度没有完全吞噬他曾经拥有的原始星云。我们的教师会同时拥有星系和原始星云。让教师们给我们展示一个真实的宇宙吧，如果他还保留一点健康的混沌状态，我们会由此更加喜欢他们。

你们无疑会回想起这种小事情上的完美与对宇宙之外东西的巨大暗示之间的巧妙结合，因为你们在一些教师身上看到过。艺术家把大的东西和小的东西放在一起，因为它们属于一个整体，但是每个东西都处在自己的合适程度和位置上。在某个时候，c—a—t拼写成cat、2加2等于4是至关重要的问题，在另一个时候，词语、事实、语法和历史都是次要的事情，不过是提供帮助或形成阻碍，而重要的东西是一群年轻人会感受到历史大潮的潮起潮落，就像他们在诗篇《不朽颂》中感受到的一样。

一堂课的内容可能需要很长时间才能掌握，然后在学习任务的最后，最好的东西常常是在某种线索上达成，而这种线索来自于教师在学生们掌握的有限知识的基础上开启的无限广博的思想。但是，如果学生在课堂上没有先学习那些明确的知识，并且掌握这些知识，那么这样的启示也是不可能的。所以大的和小的，确定的和含糊的互相混杂在一起，彼此支持，两者都不过分。我们在完成的作品中，看的是井然有序的节制，且有各种各样的留存的优雅。这样的作品是艺术品，是所有艺术中最精美的作品之一，我根本不怀疑你们中的一些人一定会做出这样的作品。

没有什么比平和的幽默感更有助于维持生活中的适当分寸了。笑是一件危险的事情，必须辅之以判断力。但是，如果它不带有丝毫的刺激，并且背后还有一些真正的文雅，那么它也可以创造一个美好的世界。它的主要价值在于它可以让我们免于夸大。老建筑师在大教堂上安装怪兽滴水嘴，我们让漫画登载在报纸上。一旦让我们年轻的教师过于专注于自己的艺术，就可能导致他偏离常识。而滑稽的情人节礼物——随时出现的模仿秀或者是学校漫画家的秘密图画，很可能足以让他回到现实中来。如果他不滥用艺术，这位教师也可以给他平淡严肃的学校生活撒一点幽默之盐。甚至小说《印第安纳校长》中的插科打诨也帮他度过了艰难的时期。我猜想这个故事在这个时代已经被遗忘了，而且重提起来也不够好。但是我可能会重复一些在某些圈子里有名的大学传统，即使是大家之前听说过的，也不妨一提。我听过的这个故事是讲摩西·科伊特·泰勒（Moses Coit Tyler）教授的，讲的是他在密歇根大学时期的故事。他总是不按时结束他的讲课，他班上的学生就通过使劲蹭鞋底来表示不满。有一天，他拖堂异常严重，学生们弄出的声音也是异常地显著。教授最后终于注意到了。“一会儿，先生们，再等一会儿”，然后他又周到地补充说，“还有几颗珍珠，还有几颗珍珠”。

在我尽力描绘那个艺术家教师典范并发现我的描述充其量只是在罗列“道德美德及其相反的恶习”之后，我打算在我这篇小文中调侃一下。即使是在遍布美好和正确事物的模范学校里，一个真正的人，虽然有许多不完美之处，也比任何典范都要好得多！把列举出来的元素综合在一起不能为我们创造出一个活生生的教师。

但是，我不得不回答自己开的玩笑，我还要申明，这根本不是我要提的什么典范，也根本不是我的发明创造。这是因为我见过一些真正的艺术家，看过他们在学校里真实的教学，我很受触动，想告诉大家他们所做的是什么样的工作。他们确实是艺术家，我对他们的描述一定远不及其生动的现实。毕竟，我试图展示给你们的是他们工作中所具有的素质，我敢肯定，是人性的冲动促使人们做出这样的尝试。而且，我希望这样的描述能够唤起你们对人类教师形象的思考，这取决于你们与那些具有创造力的教师们接触的时间长短。

现在，如果说对分寸有把握是艺术家工作的本质的话，那么同样重要的是真正的艺术家对时间的感觉。如果一个艺术家是真正意义上的艺术家，他就会愿意花时间，因为他努力做的是一个持久的工作。

非艺术家的精神总是追求最新的东西，原因只在于它们是新的。马丁·马尔丹斯（Maarten Maartens）曾透过他的一个角色说过："你的品味完全被玷污了，亲爱的，因为你根本理解不了过时的美丽。"本着同样的精神，杰克曼（Jackman）教授常常略带讽刺地对暑期班的学生们说："你们来这里是为了学习长除法教学的最新潮流。"

可以肯定的是，现在的模式过一段时间就会过时。无论多么新，它都会变旧。唯一不变老的东西就是从来没有全新过的东西。只要拥有真正艺术家的精神，他所追求的都是能够经受时间考验的工作。因此，在手段和方法方面，他更关心的是它们是否是真实的、优秀的，而不是是否是最新的。你们一定记得这两句诗：

他知道停驻时间，

那他的名声就能永存。

大家都认为林肯是美国人民的伟大教师之一，其他教师也许会从他惊人的耐心中吸取教训。

很难把这种事说得恰到好处，因为有时耐心是缺点，而匆忙可能是及时而必要的。懒散拖沓从来都不是艺术的过程。事实上，相对于浪费来说，真正的艺术是一丝不苟的，也是最经济的。但是，它也知道如何花费而不用节衣缩食，如何静静地、不紧不慢地工作，就像大自然将盛开的花朵变成果实。即使是天生的艺术家，也必须认识到完美的方式很难把握，介于匆忙的不完美和浪费的不完美之间。

在这方面有各种不同的研究。有些东西在压力下可以学得最好，算术的某些部分就是如此，语法和历史比较机械的部分也同样适用。但是，历史中更精细更深层次的部分以及对大自然更深入的研究，这些都需要与之发生生命的联系，直到它们温暖了我们的灵魂，浸润了我们的思想，而且在我们内心生活中占据了一定的位置。所要学习的各种事实要明确、果断地学习，不要敷衍磨蹭、耽搁时间。但是观点、鉴识力、心态等这些都需要慢慢获得，为此我们必须学会等待。不要去催促学习者，你可以等待一个星期，一个月，一年，也可能会持续很多年。有一天，你会看到一种新的智慧之光照进学生的双眸，此时教师已经收获了巨大的回报。

在这方面的研究有所不同：在几乎所有的教学中，都有向前推动的时间和等待的时间。从课堂的经验来看，我倾向于接受那些心理学家的观点，即学习任何新事物的过程中都存在高原现象。也就是说，有些时候继续努力不能带来持续的进步，但是如果持续稳步练习的话，一段时间之后，改善的情况会再次出现。停顿时间被认为是为进一步收获做准备。它需要的不是一点点经验，而是良好的洞察力才能充分利用好这些高原期。让学生转向其他的事情可能是最好的，让这部分的主题先休眠一会儿。继续往下进行也可能是最好的，可能的话，让进步的趋势再次开始。

现在，有一种方法可以让时间问题进入到教学的最深处。因为这与教师本人的个性有关，而且这对于任何一所学校来说都是至关重要的。有这样的教师，无论他们做什么，他们都有能力感染自己的学生。这种能力是一个强烈的暗示，甚至会达到催眠的程度。因为它已经占据了学生的头脑，所以可以产生快速和惊人的效果。我们都看到过一个“有磁性”的教师能够激起的热情，他个人的吸引力为学校带来新的生机。在别人必须辛苦跋涉的地方，他提供帮助，正如一位老作家所说的那样，他给予的“不是双脚，而是翅膀”。

现在，有这样一个有如此能力的人，他拥有的武器既可以为善，也可以作恶。他可以用它创造出无法估量的好处，他可能唤醒那些呆滞懒散之人，也可能会给那些灰心丧气的人带来新的希望，他可以通过他的振奋人心的影响力帮助一些人渡过难关。但是另一方面，他也可能造成危害。他可能会让学生紧紧地依附在自己身上，使学生所有努力的动力都依赖于他。

对这样的教师的工作的检验可以在他离开之后的教师的教学中找到。学生变得更加自立了，还是他们的力量和兴趣只是追随以前的教师？学校里真正的艺术家可能有很多，他们也可能没有什么唤醒热情的能力，他们工作的最大好处在于可以长存。一个优秀的教师确实是引导我们思考的人，但是，最优秀的教师是离开后依然是对我们最有帮助的人。

这个讨论不应该拖长，这注定只是一个大题目的小开头。你们很快就会进入重要而美好的教学工作中。让我祝你们一切顺利。克里特（Dean Colet）教长在伦敦创立圣保罗公学的时候，写下了这样一句话：“我要求教师们一直教授最好的东西。”让我们用他的话来指导你们将参与的工作，我也同样要求你们，你们要一直教授最好的东西。

图书在版编目（CIP）数据

教育的力量 ：通过影响实现治理 / （美）埃尔默·埃尔斯沃斯·布朗著 ；屈书杰译 ；陈璞校. -- 杭州 ：浙江教育出版社，2019.12
（新汉译世界高等教育名著丛书. 第一辑）
ISBN 978-7-5536-9883-0

Ⅰ. ①教… Ⅱ. ①埃… ②屈… ③陈… Ⅲ. ①高等教育—文集 Ⅳ. ①G64-53

中国版本图书馆CIP数据核字(2020)第012278号

责任编辑　赵英梅　　美术编辑　韩　波
责任校对　何　理　戴正泉　　责任印务　陈　沁

新汉译世界高等教育名著丛书(第一辑)
XIN HANYI SHIJIE GAODENG JIAOYU MINGZHU CONGSHU
教育的力量:通过影响实现治理
JIAOYU DE LILIANG: TONGGUO YINGXIANG SHIXIAN ZHILI
[美]埃尔默·埃尔斯沃斯·布朗　著　　屈书杰　译　　陈璞　校

出版发行　浙江教育出版社
（杭州市天目山路 40 号　电话:0571-85170300-80928）
图文制作　杭州兴邦电子印务有限公司
印　　刷　浙江新华数码印务有限公司
开　　本　710 mm × 1000 mm　1/16
印　　张　9.5
插　　页　2
字　　数　128 000
版　　次　2019 年 12 月第 1 版
印　　次　2019 年 12 月第 1 次印刷
标准书号　ISBN 978-7-5536-9883-0
定　　价　30.00 元

如发现印、装质量问题，影响阅读，请与本社市场营销部联系调换，
电话:0571-88909719